Geschichte Südtirols erleben

FOLIO
SÜDTIROL
ERLEBEN

Josef Rohrer

Geschichte Südtirols erleben

Folio Verlag Wien – Bozen

Gedruckt mit freundlicher Unterstützung der Abteilung Deutsche Kultur der Autonomen Provinz Bozen – Südtirol

AUTONOME PROVINZ BOZEN SÜDTIROL
PROVINCIA AUTONOMA DI BOLZANO ALTO ADIGE
Deutsche Kultur - Cultura tedesca

Lektorat: Hermann Gummerer
Wissenschaftliche Beratung: Hans Heiss
Korrektur: Joe Rabl
Grafik und Illustrationen: no.parking, Vicenza
Druckvorstufe: Typoplus, Frangart
Printed in Italy
ISBN 978-3-85256-843-0
www.folioverlag.com

Inhalt

Vorwort

Südtirols Geschichte gäbe natürlich sehr viel mehr her als 25 kurze Kapitel. In diesem Landstrich am strategisch wichtigen Alpenübergang, wo der deutsche und italienische Kulturraum ineinander übergehen und eine Grenzänderung bis heute spürbare Nachwehen auslöste, war immer einiges los. Die Bücher darüber füllen lange Regale.

Die Reduktion auf 25 Betrachtungen ist der Versuch, mit wenigen groben Strichen ein Bild dieser Geschichte und von uns Südtirolerinnen und Südtirolern zu zeichnen. Die Auswahl der Themen ist bewusst subjektiv: Ich wollte über das schreiben, was mich selbst an diesem, meinem Land besonders interessiert. Die Texte aber wollte ich möglichst objektiv halten, jedenfalls frei von der ideologischen Schwere, die auf der Südtiroler Geschichte oft lastet.

Die Kapitel sind zwar chronologisch angeordnet. Jedes steht aber für sich und erzählt eine eigene Geschichte. Jede sollte, das war eines der Kriterien, von Ereignissen oder Erscheinungen handeln, die man im Land auch wahrnehmen kann. Zudem sollten sie einen Bogen spannen, der möglichst bis ins Heute reicht.

Und so erzählt dieses Buch nicht nur von der Geschichte Südtirols, sondern auch einiges über seine Gegenwart.

Josef Rohrer

1 Schlern (2563 m)

2 Geoparc Bletterbach, Aldein. Die 400 m tiefe Bletterbach-Schlucht zeigt wie ein Schnitt viele der Gesteinsschichten, aus denen die südlichen Dolomiten bestehen. In einem Besucherzentrum am Einstieg zur Schlucht gibt es eine informative Ausstellung. Die anspruchsvolle Wanderung durch die Schlucht dauert ca. vier Stunden. Zu empfehlen: von Geologen geführte Touren. www.bletterbach.info

3 Rosengarten (2981 m)

4 Sellagruppe. Höchster Gipfel ist der Piz Boè (3152 m).

5 Latemar (2842 m)

6 Naturparkhaus Toblach. Eine Ausstellung über das UNESCO-Weltnaturerbe versucht, die Entstehung der Dolomiten zu erklären. Das Naturparkhaus befindet sich im ehemaligen Südbahnhotel. Es wurde 1878 von der österreichischen Südbahngesellschaft gebaut, die den Rothschilds gehörte. Sie betrieb unter anderem die Pustertalbahn, die Franzensfeste an der Brennerlinie mit Maribor auf der Linie Wien–Triest verband. 1939 stellte das Hotel den Betrieb ein, heute ist der ausgedehnte Bau ein Kulturzentrum. https://naturparks.provinz.bz.it/drei-zinnen/naturparkhaus.asp

7 Drei Zinnen (2973, 2999 und 2857 m)

Wo kommen all die Berge her?

Der Schlern **1** ist zwar nur 2563 Meter hoch, hat es aber doch zum Südtiroler Wahrzeichen gebracht. Wegen seiner markanten Form – ein flacher Rücken mit zwei vorgesetzten Felsspitzen – und der Mythen und Hexengeschichten, die sich um diesen Berg ranken. Noch spannender ist, wo der Schlern früher stand.

Vor rund 280 Millionen Jahren befand sich seine unterste Schicht ungefähr dort, wo heute das Horn von Afrika in den Indischen Ozean ragt. Sie war Teil der uralten Erdkruste des Superkontinents Pangäa. Als dieser von Osten her zu zerbrechen begann, traten an einer der Bruchstellen gewaltige Mengen Lava aus. Sie erstarrte zu jenem Porphyr, der im Etschtal zwischen Bozen und Meran gut zu erkennen ist und sich weit unter die Dolomiten hinein fortsetzt.

Unter dem Gewicht des neuen Gesteins senkte sich die Erdkruste, wurde vom Meer überflutet, Sedimente der Erosion füllten die Mulden mit einer ersten Schicht aus Sandstein. Während sich der Riss immer weiter öffnete und Pangäa im Lauf von einigen Millionen Jahren in die heutigen Kontinente zerbrach, setzte sich ein kleineres Bruchstück mit dem Porphyr ab und machte sich auf eine Reise durch Raum und Zeit.

Als Teil der Adriatischen Platte driftete es geschätzte zwei Zentimeter pro Jahr Richtung Norden. Mal ragte es für einige hunderttausend Jahre aus dem Meer, mal lag es unter Wasser. Und mit jedem Auf und Ab bildete sich eine weitere Schicht aus Sedimenten. In der spektakulären Bletterbach-Schlucht ❷ sind diese Schichten besonders gut zu sehen.

Als einige Stellen wieder einmal knapp bis unter den Meeresspiegel angehoben wurden, setzten sich dort Korallen fest und bauten nach und nach einen Archipel aus Atollen. Während der folgenden, lange andauernden Phasen der Absenkung mussten die Korallen immer höher bauen, um nahe am Sonnenlicht zu bleiben. So entstanden rund tausend Meter hohe Riffe. Der Rosengarten ❸, die Gebirgsstöcke von Sella ❹ und Latemar ❺ und eben auch der Schlern sind Überbleibsel dieser Atolle. Wer heute dort wandert, bewegt sich auf ehemaligen Tiefseebecken zwischen Korallenriffen.

Ungefähr auf der Höhe des heutigen Mittelmeers stellten die Korallen ihr Wachstum ein. Aus den Riffen gespülte Kalkpartikel füllten allmählich die Becken auf, das einst tropische Meer wurde zum Watt. Da die Erdplatte immer noch weiter sank, überdeckten die Sedimente mit der Zeit auch die Atolle, zuletzt mit einer tausend Meter dicken Schicht aus gepresstem Schlamm. Er ist heute zu Kalkstein und Dolomit verwandelt.

Die Fortsetzung dürfte aus dem Geografieunterricht bekannt sein. Die Afrikanische Platte schob sich in die Eurasische, der Druck faltete den Alpenbogen auf. Er wächst noch immer um rund fünf Millimeter pro Jahr. Hätte nicht gleichzeitig die Erosion eingesetzt, wäre der Ortler, mit 3905 Metern der höchste der Südtiroler Berge, mittlerweile ein Achttausender.

Eingeklemmt zwischen Afrikanischer und Eurasischer Erdplatte, türmte sich ein Teil der Adriatischen zu den Dolomiten auf. Deren Zacken und bizarre Formen – Star-Architekt Le Corbusier nannte die Dolomiten die schönste Architektur der Welt – sind gewissermaßen eine Momentaufnahme. Die Erosion hat sie aus den einstigen Schichten des Watts herausgefräst und fräst immer weiter. Was abgetragen wurde, liegt bis in die Adria hinein verstreut. Was von den Dolomiten heute noch steht, wird irgendwann auch dort landen. Wegen der einzigartigen Geschichte dieses Gebirges hat es die UNESCO 2009 zum Weltnaturerbe 6 erklärt.

Mindestens einmal in der jüngeren Erdgeschichte waren viele der Berge übrigens für eine Weile verborgen. Auf dem Höhepunkt der letzten Kaltzeit vor ca. 15.000 Jahren – im erdgeschichtlichen Zeitmaß also gerade eben – füllte Eis fast alle Alpentäler aus, nur die höchsten Spitzen ragten heraus. Über dem heutigen Etschtal war es rund 2000 Meter dick.

In den westlichen Dolomiten trug die Erosion inzwischen die oberste Schicht aus gepressten Sedimenten fast vollständig ab und schälte darunter die früheren Riffe frei: die Steilwände von Schlern und Rosengarten. Die Drei Zinnen 7, 60 Kilometer weiter östlich gelegen, haben das noch vor sich. Weil die einst abgebrochene Erdplatte leicht nach Osten abfällt, ihr östlicher Teil deshalb später an die Oberfläche kam und die Erosion dort noch nicht so lange wirksam war, ist von der obersten Schicht aus Kalkstein noch einiges erhalten. Die 500 Meter hohen Wände der Drei Zinnen bestehen aus jenem Kalkgestein, das einst auch auf den Schlern draufgepackt war. In seiner heutigen Form ist der Schlern den Drei Zinnen schlicht um einige Millionen Jährchen voraus.

1 Similaun (3599 m). Die Gletschermumie Ötzi lag etwas unterhalb des Gipfels, auf dem 3208 m hohen Tisenjoch.

2 Ganglegg liegt auf einem kleinen Hügel oberhalb von Schluderns. In Schluderns stellt ein kleines Museum unter anderem die Funde aus der gut erforschten prähistorischen Siedlung Ganglegg aus. www.vintschgermuseum.com

3 Archeoparc in Unser Frau in Schnals. Das Freilichtmuseum zeigt eine auch für Kinder konzipierte Rekonstruktion von Ötzis Lebensraum und von einer Siedlung seiner Zeit. www.archeoparc.it

4 Burgruine Hauenstein bei Seis. In der Burg aus dem 12. Jahrhundert wohnte um 1420 der für sein abenteuerlustiges Leben bekannte Minnesänger Oswald von Wolkenstein. Das sogenannte Hauensteiner Schwert wird im Stadtmuseum Bozen verwahrt, vgl. S. 20.

5 Südtiroler Archäologiemuseum Bozen. Die Funde, die ein Archäologiemuseum gemeinhin zeigt, sind ins Depot verbannt. Ötzi und die Ergebnisse der Forschung nehmen das gesamte Museum in Beschlag. Ein eigenes Gebäude für ihn, seit Jahren im Gespräch, scheiterte bislang an der Frage, wo es gebaut werden soll. www.iceman.it

Tod eines Grenzgängers

Über den Mord ist inzwischen einiges bekannt. Das Opfer war ein rund 45 Jahre alter, drahtiger Mann. Seinem Zahnschmelz nach zu schließen stammte er aus der Gegend. Seine Gelenke sind nur wenig abgenützt, ein Zeichen, dass er nicht schwer arbeiten musste. Vielleicht jemand von besserem Stand. Dafür sind seine Bandscheiben nicht mehr die besten, und Gallensteine deuten auf einen hohen Cholesterinspiegel hin. Möglicherweise die Folge einer fleischlastigen Kost. Etwa eine Stunde vor seinem Tod gönnte er sich noch eine ordentliche Mahlzeit: Brot sowie ein Stück Steinbock und Hirsch. Der ungefähre Todeszeitpunkt: Frühling, zwischen 3359 und 3105 v. Chr.

Seit Ötzi 1991 hoch über dem Schnalstal aus dem Gletscher taute, machen Wissenschaftlerinnen und Wissenschaftler vieler Disziplinen an ihm rum. Trotz des hohen Alters der Mumie finden sie erstaunlich viel über den „Mann aus dem Eis“ und seine Zeit heraus: über sein Y-Chromosom eine entfernte Verwandtschaft mit jenem Schlag, der heute in Korsika und Sardinien zu Hause ist; dass sich mit seinen Pfeilen und dem selbstgebauten Bogen ein Reh noch aus 50 Metern Entfernung erlegen lässt; dass sein Kupferbeil aus einem Erz der südlichen Toskana geschmolzen wurde.

Doch was wollte er so hoch oben am Similaun (1), am Übergang ins Ötztal? Und wer hat ihm jenen Pfeil mit einer Spitze aus Feuerstein in den Rücken geschossen, an dem er schließlich starb? Trotz aller Forschung ist über die frühen Menschen im heutigen Tirol noch vieles Spekulation.

Die allerersten, die sich hier herumtrieben, waren wohl Neandertaler – vor vielleicht 120.000 Jahren, als zwischen einer Kaltzeit und der anderen das Klima für eine Weile erträglicher war. Die ersten noch vorhandenen menschlichen Spuren sind ca. 30.000 Jahre alte Reste von Wurfspeeren aus Bärenknochen. Sie sind bereits ein Werk des Homo sapiens. Er dürfte in einer erneuten Warmphase von Süden her in die Alpen vorgedrungen sein, bis ihn die vorerst letzte Kaltzeit wieder vertrieb.

Sie endete vor rund 12.000 Jahren. Die Gletscher zogen sich in größere Höhen zurück, Flora und Fauna breiteten sich wieder aus, und irgendwann war auch Homo sapiens wieder da. Vorerst als Jäger in kleinen Gruppen, mit inzwischen besseren Waffen: mit Speerspitzen und Dolchen aus messerscharfem Feuerstein, wie auch Ötzi noch einen bei sich trug.

Zu seiner Zeit, am Übergang von der Stein- zur Kupferzeit, hatten die Menschen auch im Alpenraum begonnen, sesshaft zu werden und Ackerbau zu betreiben (ohne je ganz von der Jagd zu lassen; noch heute gibt es in Südtirol über 6000 Jäger, mehr als Weinbauern). An sonnigen Hügeln entstanden erste Siedlungen. **Ganglegg** **2** im Vinschgau zum Beispiel, wo ungefähr zu Ötzis Lebzeiten erste Siedler Hütten bauten und sich an Nutzpflanzen versuchten. Forschungen an diesen prähistorischen Siedlungen und an Ötzi selbst, an seiner im Eis konservierten Kleidung, seinen 61 Tätowierungen, seinen Waffen und seinem Feuerzeug ermöglichen eine ungefähre **Rekonstruktion** **3** des Lebens in dieser Epoche.

Aus Resten von Mauerwerk, aus Werkzeugen und Schmuck ist zu schließen, dass es dann in der Bronzezeit schon recht viele Siedlungen gab – bewohnt von einzelnen Stämmen, die man später als Räter bezeichnete. Allein auf dem bewaldeten Plateau an der Westseite des Schlern, zwischen den heutigen Ortschaften Völs und Kastelruth, gab es ein halbes Dutzend Siedlungen. Die Bewohner trafen sich oben auf dem Schlern zu Festen und rituellen Opfern. Das jedenfalls wollen Archäologinnen und Archäologen aus Knochenresten, Aschen und Keramikscherben herausgelesen haben. Und am Fuß des Schlern, bei **Hauenstein** 4, hat jemand ein verziertes Bronzeschwert liegen lassen, vielleicht ebenfalls ein ritueller Akt. Das alles ist natürlich kein Vergleich zum sensationell gut erhaltenen Ötzi. An die 300.000 Besucherinnen und Besucher kommen Jahr für Jahr in sein **Museum** 5 in Bozen, um ihn durch ein kleines Fenster in seiner Tiefkühlkammer zu bestaunen.

Oben am Similaun lag Ötzi nur 92,56 Meter vor der Grenze zu Österreich. Zum Glück für Südtirol und sein Tourismusmarketing spannte der Mörder seinen Bogen nicht etwas später. Einige Schritte weiter, und Ötzi wäre jenseits der Demarkationslinie umgefallen, die seit 1919 die Staatsgrenze zwischen Italien und Österreich markiert. Dann wäre die älteste bekannte Mumie der Welt heute im Besitz von Nordtirol und läge nicht in Bozen, sondern in Innsbruck. Nicht auszudenken.

1 **Gröden**

2 **Gadertal**

3 **Museum Ladin**, St. Martin in Thurn. Das Museum in einem mittelalterlichen Schloss erzählt in einer sehenswerten Ausstellung die Geschichte der Dolomiten-Ladiner und beleuchtet ihre heutige Rolle in Südtirol. In einer Außenstelle in St. Kassian sind Knochenfunde des Höhlenbären *Ursus ladinicus* zu sehen, eingefügt in eine Ausstellung über die Entstehung der Dolomiten. www.museumladin.it

Wenn fast alle nur Bahnhof verstehen

Desparé. Das ist Ladinisch, vier Prozent der Bevölkerung in Südtirol sprechen es im Alltag, immerhin gut 20.000. Und schuld sind die Römer.

Um 20 v. Chr. waren sie wieder mal auf Eroberung aus. Ein Stiefsohn von Kaiser Augustus, Nero Claudius Drusus, drang mit einem Heer von der Po-Ebene über Reschen- und Brennerpass bis an die Donau vor. In den folgenden fast 500 Jahren reichte das Imperium Romanum über die Alpen bis weit in das Land der Germanen hinein.

Der Vorstoß überrollte die verstreut in den Alpen lebenden Völker – Räter, wie die Römer sie alle der Einfachheit halber nannten. Deren Gebiet erstreckte sich von der heutigen Zentralschweiz bis Venetien, von Oberbayern bis zu den südlichen Ausläufern der Alpen. Spuren ihrer Siedlungen sind noch zu finden, auch in Stein geritzte Schriftzeichen. Ob die Räter allerdings eine gemeinsame Sprache hatten, ist umstritten. Sicher ist: Sie arrangierten sich zwangsläufig mit den Besatzern der römischen Staatsmacht und fügten deren Vulgärlatein in ihre eigenen Idiome ein. So entstand mit der Zeit eine neue Sprache. Rätoromanisch dürfte in den Zentral- und Ostalpen samt dem Vorland verbreitet gewesen sein, allerdings mit großen regionalen Unterschieden.

Nach dem Zerfall des Weströmischen Reichs drangen nach und nach bajuwarische und alemannische Stämme ins heutige Südtirol vor. Sie setzten sich zunächst in den Tälern von Eisack und Etsch fest, dann auch in höheren

Lagen. Ihre germanischen Dialekte verdrängten die Sprache der Räter („Deutsch seit 1200 Jahren" prahlen deutschtümelnde Aufkleber auf den Autos einiger Südtiroler) und von Süden her setzte ihr das neue Italienisch zu.

Am Ende blieben dem Rätoromanischen nur einige Sprachinseln: in der Ostschweiz, im Friaul und in sechs Dolomitentälern, davon zwei – Gherdëina (Gröden 1) und Val Badia (Gadertal 2) – in Südtirol. In Gröden und im Gadertal sprechen noch heute 90 Prozent der Talbewohner untereinander *Ladin*, wie das Rätoromanische in den Dolomiten heißt. Die Deutsch- und Italienischsprachigen verstehen dann nur Bahnhof.

Der italienische Nationalismus des 20. Jahrhunderts hatte für das Ladinische trotz seiner romanischen Wurzeln wenig übrig. Erst die für Südtirol erkämpfte Autonomie von 1972 sah Minderheitenrechte auch für die hier lebenden Ladiner vor. In ihren beiden Tälern besuchen sie ladinische Schulen, Ladinisch ist als Amtssprache anerkannt, RAI Ladinia sendet täglich in Radio und Fernsehen, und wenn die öffentliche Verwaltung Arbeitskräfte einstellt, ist nach dem Proporzsystem ein Kontingent der ladinischen Sprachgruppe vorbehalten. Sie hat auch ein eigenes Museum 3. Während viele andere Minderheiten in der Welt verschwinden, können sich die Ladiner Südtirols gut behaupten. 1981 gaben 4,2 Prozent der Bevölkerung Südtirols an, ladinisch zu sein, inzwischen sind es 4,5 Prozent. In Venetien und im Friaul hingegen, wo die Ladinerinnen und Ladiner diesen Schutz nicht genießen, sinken die Zahlen.

Die regionalen Unterschiede aus der Römerzeit haben sich über die Jahrhunderte noch verstärkt. Je kleiner die Sprachinseln und je loser der Kontakt untereinander, umso eigenständiger entwickelten sich Wortschatz und

Aussprache. Heute klingen für die Engadiner andere Varianten des nahen Bündner-Rumantsch ähnlich fremd wie das fernere Dolomiten-Ladinisch. Und selbst Grödner und Gadertaler sprechen ein unterschiedliches Ladin und verstehen einander oft schwer, obwohl nur ein Pass, das Grödner Joch, sie trennt.

In den 1980ern hat ein Professor in Zürich zwar das *Ladin dolomitan* entwickelt, eine gemeinsame Schriftsprache für alle Dolomiten-Ladiner. Aber durchsetzen konnte sie sich noch nicht, auch weil es sie im Mündlichen nicht gibt. So bleibt jedes Tal bei seinem Idiom. Auch RAI Ladinia sendet mal auf Grödnerisch, mal auf Gadertalerisch – wer eben gerade am Mikrofon ist.

Desparé ist übrigens Gadertalerisch und bedeutet Schnee schaufeln. Auf Grödnerisch heißt es *palé*. Aber wenn es schneit, wissen sie in Ladinien eh, was zu tun ist.

1 Stadtmuseum Bozen. Außer dem römischen Meilenstein hätte das Museum viel zu bieten. Etwa das verzierte Hauensteiner Schwert aus Bronze (vgl. S. 13). Aber das Museum wartet seit vielen Jahren auf eine immer wieder verschobene Neukonzeption und nur ein Teil ist geöffnet. www.gemeinde.bozen.it >Kultur >Museen >Stadtmuseum

2 Ritten (ca. 800–1300 m)

3 Mansio Sebatum, St. Lorenzen. Das Museum erzählt lebendig die Siedlungsgeschichte der römischen Straßenstation und gibt einen Überblick über die Römerzeit im heutigen Südtirol. www.mansio-sebatum.it

4 Drusus-Stadion Bozen. Nach einem 2018 begonnenen Umbau stieg die Zahl der Sitzplätze von 3100 auf über 5000. Sportliche Erfolge des FC Südtirol vorausgesetzt, soll das Stadion irgendwann auf 10.000 Besucher erweitert werden. Teile de Außenfassade mit Halbsä len und Architrav stehen a Beispiel für den monumen talen Baustil der 1930er unter Denkmalschutz.

Drusus, Augustus und der Fußball

Was ist uns im heutigen Südtirol von den Römern geblieben – außer dem Rätoromanischen, ein paar Legenden und sicher einigen Genen?

Da wäre das Bruchstück einer 70 Zentimeter dicken Marmorsäule mit eingravierter Schrift, ein Meilenstein. Dieses seltene Exemplar gibt allerdings keine Entfernung an, sondern erzählt von einem gewaltigen Projekt. Kaiser Claudius Augustus habe „die Via Claudia Augusta, die sein Vater Drusus nach Öffnung der Alpen durch Krieg hatte trassieren lassen, ausgebaut vom Fluss Po bis zum Fluss Donau auf einer Länge von 350 Meilen".

Die Via Claudia Augusta führte von Trient, wo sich die Straßen aus der Lagune von Venedig und aus Ostiglia bei Mantua trafen, durch das Etschtal über Meran, den Reschen- und Fernpass bis nach Augsburg. An der Talenge bei Töll westlich von Meran, wo der Vinschgau beginnt, befand sich wohl eine Zollstation, ein *teloneum*, daher der Name Töll. Dort dürfte der Meilenstein (1) gestanden und nach dem Zusammenbruch des Imperium Romanum verschüttet worden sein. Um 1550 legte ihn ein Hochwasser frei.

Wo sich heute Meran ausbreitet, haben die Römer wohl einen Stützpunkt unterhalten. Das *Castrum Majense* war, je nach Überlieferung, ein kleines Fort oder eine ganze Garnisonsstadt. Letzteres wäre durchaus plausibel, mussten doch das eroberte Gebiet der Räter und die wichtige Straße zum Reschenpass gesichert werden.

Nur: Reste dieses Castrums wurden nie gefunden, und so ist manche Geschichte davon nur Legende.

Die Via Claudia Augusta dürfte eine der wichtigsten Römerstraßen überhaupt gewesen sein. Dem Meilenstein zufolge hat Drusus, der junge Kommandant des bei Verona stationierten Nordheers, die Straße anlegen lassen, als er um 15 v. Chr. das Gebiet der Räter überrannte und die Grenzen des Römischen Reichs bis an die Donau verschob. Sein Sohn Claudius Augustus hat sie dann, als er Kaiser war, zur „Schnellstraße" ausbauen lassen, auf der sogar vierrädrige Karren über die Alpen fahren konnten. Erstaunlich, waren doch die Alpen später im Mittelalter und noch lange danach ein nur schwer zu überwindendes Hindernis.

Im 2. Jahrhundert bauten die Römer mit der Via Raetia noch eine zweite Straße in den Norden. Sie zweigte bei Bozen von der Via Claudia Augusta ab. Da die Eisack-Schlucht noch als unpassierbar galt, nahm sie den Umweg über den 900 Meter höher gelegenen Bergrücken des **Ritten** **2**, führte 20 Kilometer weiter nördlich wieder hinunter an den Eisack und weiter über den Brenner nach Partenkirchen. Trotz des Umwegs über den Ritten verkürzte die Via Raetia die Reisezeit zwischen Augsburg und Verona um ein bis zwei Tage. Eine Abzweigung bei Brixen führte durch das Pustertal nach Osten in die römische Provinz Noricum.

Ausgrabungen bei Bruneck legten Reste einer Raststation namens **Sebatum** **3** frei, die müde Reisende mit einigem Komfort erwartete. Es gab eine Gaststätte, Ställe und auch wohltemperierte Bäder – dank einer Fußbodenheizung, auf deren Bau sich die Römer bekanntlich verstanden. Eine solche Mansio dürfte es etwa alle 40 Kilometer gegeben haben, aus vielen entwickelte sich mit der

Zeit ein Dorf. Im Fall von Sebatum das heutige St. Lorenzen.

Römische Überbleibsel tauchen in Südtirol – wenig überraschend in einem Land mit eifriger Bautätigkeit – immer wieder auf: da ein Sockel, dort ein Stück Mauer, auch Münzen. Gleich ein halbes Kilo soll im Hohlraum einer Trockenmauer gefunden worden sein, die man in den 1980ern auf der Seiser Alm beim Bau eines großen Hotels freilegte. Nur acht Münzen wurden später sichergestellt. Von den vielfältigen Funden landeten Einzelstücke in Tal- und Heimatmuseen oder im Südtiroler Archäologiemuseum – dort aber im Depot, seit die Gletschermumie Ötzi das gesamte Gebäude in Beschlag genommen hat. Mauerreste wurden, ebenfalls kaum überraschend, im Lauf der Zeit als Baumaterial verwendet. Oder, als es bereits einen strengeren Denkmalschutz gab, schnell wieder verbuddelt, damit es ja nicht zu langwierigen archäologischen Untersuchungen und Arbeitsunterbrechungen kommt.

Schließlich wäre da noch das **Drusus-Stadion** 4 in Südtirols Hauptstadt. Bozen war zur Römerzeit nur eine kleine Militärstation namens Pons Drusi (Brücke des Drusus) und lag in einem Sumpfgebiet. Das Drusus-Stadion ist freilich keine römische Arena, sondern ein kleines Fußballstadion, 1934 in der Zeit des Faschismus eingeweiht und in Erinnerung an eine angeblich glorreiche Zeit nach einem glorreichen Römer benannt. Zuletzt mühte sich darin die Profimannschaft des FC Südtirol, endlich in die zweithöchste italienische Fußball-Liga aufzusteigen. Bisher – Stand 2021 – immer erfolglos.

1 Muthöfe. Die Höfegruppe hoch über Schloss Tirol liegt auf ca. 1100 bis 1500 m Meereshöhe. Zum höchsten Hof, Hochmuth, führt ab Dorf Tirol eine öffentliche Seilbahn in fünf Minuten; mühsamer auf steilem Fußweg in ca. zwei Stunden. Hochmuth liegt am Meraner Höhenweg, der in sechs Tagesetappen den Naturpark Texelgruppe umrundet. www.seilbahn-hochmuth.it

2 Stiftskirche Innichen. Vom ursprünglichen Kloster steht nichts mehr. Die im 13. Jahrhundert nach einem Brand neu gebaute Kirche des Stifts gilt jedoch als bedeutendster romanischer Sakralbau der Ostalpen. Das Stiftsmuseum unweit der Kirche enthält einen Teil des Kunstbestandes, der bei den zahlreichen Umbauten der Kirche ausgeräumt wurde. www.1250.bz.it/de/stiftsmuseum

3 Dietenheim ist *das* Südtiroler Volkskundemuseum. Einen vagen Eindruck vom bäuerlichen Leben in früheren Jahrhunderten geben die ca. 60.000 Objekte, die das Museum inzwischen gesammelt hat. Die ältesten stammen aus dem 15. Jahrhundert. Das Museum erstreckt sich über mehr als 20 Gebäude auf drei Hektar. www.volkskundemuseum..

Leben in der Falllinie

Die Muthöfe ① hoch über Meran gehören zu den steilsten Bauernhöfen im Land. Der sarkastische Rat an Bergbauern in Extremlagen, sie sollten ihre Kinder festbinden, damit sie nicht zu Tal kollern, könnte hier erfunden worden sein. Warum bloß ließen sich Menschen an solch einem „Hurenort“ (vulgärtirolerisch für ein besonders widriges Gelände) nieder?

Die Römer und davor die Räter hatten noch keine Platzprobleme. Später aber, in der sogenannten Völkerwanderung, ließen sich immer mehr Siedler nieder. Im heutigen Tirol waren es vor allem bajuwarische und alemannische Stämme, um ca. 800 bewohnten sie bereits viele der leicht zugänglichen Niederungen. Noch gab es dort genügend Wald zu roden. So ließ der bayerische Herzog Tassilo III. bei Innichen ② im Pustertal ein Rodungskloster anlegen, um die Lehre Christi zu verbreiten und nebenbei Acker- und Weideland zu schaffen. Da der Ackerbau insgesamt gute Fortschritte machte und die Bevölkerung wuchs, stieg der Landbedarf kontinuierlich.

Könige übten die angeblich von Gott verliehene Verfügungsgewalt über Grund und Boden aus. Sie festigten ihre Macht, indem sie Kirche, Adel und sonstige Clans mit Ländereien bedachten. Diese Grundherren ließen Bauern als meist rechtlose Leibeigene für sich schuften. Wie aber brachte man sie dazu, auch steile und abgelegene Wälder urbar zu machen und dort oben nutzbringend Landwirtschaft zu betreiben?

Der Köder war das Konzept der sogenannten Schwaighöfe. Die Bauern nahmen die Mühe der Rodung auf sich, bauten Stall und Stadel und für sich eine Hütte. Als Starthilfe überließ ihnen der Grundherr etwas Vieh und kassierte einen jährlichen Zins in Form von Naturalien, meist Käse. Eine Win-win-Situation, denn die Bauern durften den so geschaffenen Hof als ihr Eigen betrachten und sogar vererben. Im Vergleich mit den Leibeigenen ein Privileg.

Wann und wo im heutigen Südtirol die ersten Schwaighöfe angelegt wurden, wissen wir nicht. Wohl deutlich vor 1285, als ein Dokument die Muthöfe zum ersten Mal als Schwaigen erwähnte. Was wir auch nicht wissen: Wurden den Bauern die Flächen zum Roden zugewiesen oder durften sie sich den Platz selbst aussuchen? Waren es eher die Ausgegrenzten, die sich auf das Wagnis einließen? Und waren die, die besonders weit nach oben zogen, besondere Eigenbrötler? Gesichert ist nur, dass Schwaighöfe mit der Zeit bis zur Waldgrenze auf 2000 Metern zu finden waren – Einsiedeleien, fern der Welt.

Um ca. 1500 verloren die Schwaigen ihr Sonderrolle, als auch den Bauern in tieferen Lagen eine Art von Nutz- und Eigentumsrecht zugestanden wurde. Sie mussten zwar weiterhin den Grundherren einen Teil der Ernte als Pachtzins abliefern oder einen Gegenwert in Geld. Aber nun durften auch sie das Nutzrecht des Hofs vererben. Damit entwickelten die Bauern in Tirol früh ein Standesbewusstsein. Das Revolutionsjahr 1848 beseitigte schließlich die letzten Bindungen an die Grundherren – nicht ohne dass diese für die sogenannte Grundentlastung noch einmal kassierten.

Wer danach fragt, warum die steilsten und höchstgelegenen Bauernhöfe auch danach noch bewohnt und bewirtschaftet wurden, bekommt von der Fachliteratur oder in Dietenheim ③ viele Antworten. Weil dort oben nie so viel übrig blieb, um herunten ein besseres Stück Land zu kaufen; weil es lange keine Industrie mit ihrem großen Bedarf an Arbeitskräften gab, und als diese kam, waren es zunächst italienische Staatskonzerne und die Zeit des Faschismus, die deutschsprachige Südtiroler ausgrenzte; weil Südtirolerinnen und Südtiroler eine besonders starke Bindung zu ihrer Heimat, ihrer „Scholle", haben – als gäbe es dafür ein besonderes Gen. Die Landflucht, die andere alpine Landschaften prägt, blieb hier jedenfalls aus.

Wer bis vor rund 50 Jahren nicht von „dort oben" geflüchtet ist, hat heute noch weniger Grund dazu. Inzwischen ist kaum ein Berghof ohne eine asphaltierte Zufahrt, der Schülertransport funktioniert bis weit hinauf, Funkbrücken führen in ein schnelles Internet, der Tourismus bringt so manchen Extra-Euro. Es gibt Höhenzulagen (acht von zehn Höfen liegen über 1000 Meter), Erschwerniszulagen (jeder fünfte Hof hat eine Hangneigung von über 50 Prozent), und auch sonst fließen die Subventionen für Bergbauern reichlich – wie die vielen neuen Ställe, Scheunen, Maschinen und schmucken Wohnhäuser zeigen.

Und herunten im Tal ist auch nicht alles Gold, was man von oben glänzen sieht.

1 Schloss Tirol. Die um 1100 entstandene Burganlage zerfiel, nachdem die Habsburger 1420 den Regierungssitz der Grafschaft Tirol nach Innsbruck verlegt hatten. Erst als die Stadt Meran im späten 19. Jahrhundert die Burg dem Kaiser in Wien schenkte, gab dieser eine gründliche Renovierung in Auftrag. Der markante Turm ist eine freie Rekonstruktion aus dem Jahr 1902. Im Turm zeigt eine chronologische Ausstellung die Geschichte Südtirols im 20. Jahrhundert. In anderen Teilen der Burganlage gibt es jährlich wechselnde Sonderausstellungen. www.schlosstirol.it

2 Meran. Mit 390 m ist die Laubengasse in Meran um genau 100 m länger als jene von Bozen. Als Landesfürst Meinhard II. sie um 1280 anlegen ließ, um Meran gegen Westen zu erweitern, setzte er damit ein Zeichen gegen das von seinen Trienter Gegnern kontrollierte Bozen. In den Gewölben der beiden Häuserzeilen in Meran hatten Handwerker jahrhundertelang ihre Werkstätten. Heute dominieren das Chrom und das Glas schicker Läden.

Wie Tirol zu Tirol wurde

Tirols Geburt war großes Theater. Es wirkten mit: ein gerissener Graf, eine unglückliche Gräfin und reihenweise Könige. Jene des Heiligen Römischen Reichs herrschten ab dem 11. Jahrhundert über das riesige Gebiet von der Nordsee bis Rom. Noch verfügten sie nicht über einen straffen Staatsapparat und brauchten daher lokale Herrschaftsträger, die ihre Macht vor Ort durchsetzten: Fürsten, Herzöge, im späteren Tirol auch die Bischöfe von Brixen und Trient. Deren Bistümer am strategisch wichtigen Korridor über die Alpen reichten von Rovereto bis Kufstein.

Allein konnten die Kirchenmänner ihren Anspruch nicht sichern. Also spannten sie die Albertiner ein, eine aus dem Bayerischen stammende Adelsfamilie. Sie kontrollierte das Eisack- und Etschtal, für das bis Meran reichende Bistum Chur auch den Vinschgau und das Unterengadin. Ende des 11. Jahrhunderts hatten die Albertiner eine derart starke Position erreicht, dass sie oberhalb von Meran eine Burg (1) bauen und sich Grafen von Tirol nennen konnten. Der Name dürfte auf eine rätoromanische Abwandlung des lateinischen *terra* zurückgehen.

1253 starb Albert III., ohne einen legitimen männlichen Erben zu hinterlassen. Die noch zerstückelte Grafschaft Tirol fiel an seinen Schwiegersohn, den schillernden Meinhard von Görz. Wichtiger für Tirol wurde aber dessen Sohn Meinhard II. Weitsichtig und machtbewusst heiratete er, kaum zwanzig, die um zehn Jahre ältere

Elisabeth von Bayern, Witwe des römisch-deutschen Königs Konrad IV. Als deren Sohn Konradin sich anschickte, 16-jährig selbst König zu werden, unterstützte Meinhard den Stiefsohn nur halbherzig. Vielleicht, weil er Böses ahnte. Konradin fehlte eine starke Hausmacht, auf dem Weg zur Krönung in Rom wurde er in einer Schlacht gefangen genommen und später in Neapel hingerichtet. Im Interregnum, der Phase ohne allgemein anerkannten Monarchen, schlug Meinhard sich rechtzeitig auf die Seite des Habsburgers Rudolf I. und – bingo: In den folgenden 18 Jahren saß dieser auf dem Königsthron. Meinhard verheiratete zudem noch seine Tochter Elisabeth mit Rudolfs ältestem Sohn Albrecht, was sie zur Stammmutter aller späteren Habsburger machte und Meinhard viele Türen öffnete.

Er ließ nun keine Gelegenheit aus, sein Herrschaftsgebiet auf Kosten der Nachbarn und der Bischöfe von Brixen und Trient auszudehnen. Auch mit Gewalt, wo er im Guten nicht weiterkam. Seine Grafschaft Tirol wurde so zur regionalen Macht. Sie reichte von Trient bis Bayern und umfasste auch Teile Vorarlbergs. Meinhard führte eine für die Zeit hochmoderne Verwaltung ein, mit bezahlten Beamten und straffem Steuerrecht. Seine Münzstätte in Meran (2) lieferte ihm viel Bares.

Als Vater teilte Meinhard II. das Los vieler erfolgreicher Männer. Er kam zu einer ganzen Schar außerehelicher Kinder, aber die Söhne aus der Ehe waren eher Nieten. In Regierungsgeschäften glücklos, lebten sie auf großem Fuß und blieben obendrein ohne männliche Erben. Aber es gelang das Unglaubliche: Für einmal wurde die männliche Erbfolge ausgesetzt, eine Frau kam zum Zuge. Meinhards Enkelin Margarete hatte nun die Bürde einer Gräfin von Tirol zu tragen.

Im Alter von zwölf verheiratete man sie mit dem erst achtjährigen Johann von Luxemburg. Die beiden konnten sich nicht leiden und vollzogen nach eigenen Angaben auch nie die Ehe. Eines Nachts sperrte die inzwischen erwachsene Margarete ihren Angetrauten kurzerhand von Schloss Tirol aus. In der Bevölkerung verhasst, blieb ihm nur die Flucht. Der aufseiten der Luxemburger stehende Papst Clemens VI. verweigerte lange die Annullierung der Ehe. Und als Margarete ein zweites Mal heiratete, diesmal einen Brandenburger, belegte der Papst ganz Tirol für 16 Jahre mit einem Interdikt – dem Verbot von religiösen Zeremonien und Messen. Das gläubige Volk machte nun die Landesfürstin für jegliches Unglück verantwortlich, für Unwetter, Missernten und die um 1350 wütende Pest. Lange danach dichtete man ihr auch einen männermordenden Lebenswandel an sowie ein hässliches Gesicht. Daher der böse Übername „Maultasch".

Als ihr zweiter Mann und kurz darauf ihr einziger Sohn starben, dankte Margarete 1363 ab. Die Tiroler hatten erst mal genug von Theater und nahmen dankbar an, dass ihre Grafschaft wegen Margaretes Großmutter an die Habsburger fiel. Diese behielten das Land mit kurzen Unterbrechungen bis zum Ende des Ersten Weltkriegs. Für viele obrigkeits- und kaisertreue Tiroler hätte die Regentschaft der Habsburger ruhig noch länger dauern können.

1 Kloster Marienberg. Ein neues Museum erzählt die wechselvolle Geschichte des Klosters und gibt Einblicke ins Leben der Mönche. www.marienberg.it

2 Kloster Neustift. Das noch aktive Chorherrenstift ist ein Publikumsmagnet. Sehenswert: die im Stil des Spätbarocks dekorierte Stiftskirche und die Bibliothek. www.kloster-neustift.it

3 Marlinger Waal. Die Kartäusermönche von Schnals ließen Mitte des 18. Jahrhunderts von der Etsch bei Töll einen offenen Kanal (Waal) bis nach Marling anlegen, um dort ihre Weinberge zu bewässern. Heute reichen der Waal und der daneben verlaufende Wanderweg bis Lana, mit ca. 12 km ist er einer der längsten Südtirols.

4 Säben. Die große Klosteranlage thront auf einem Felsen hoch über Klausen. 2021 wurde das Kloster de Benediktinerinnen nach 33 Jahren aufgegeben. Zuletz lebten darin nur noch drei Nonnen.

5 Karthaus im Schnalsta In die ehemaligen Zellen der 1790 aufgelassenen Kartause Allerengelberg zo gen arme Talbewohner ein. So entstand mit der Zeit aus dem Kloster das Dorf Karthaus. Teile des Kreuzgangs sind noch erhalten. www.kulturverein-schnals.it

Land der Klöster, Land des Weins

Was für ein Leben! Für immer allein in einer Zelle, außer beten kein Wort. Nur Stille, damit nur ja nichts von der Hingabe zu Gott ablenke. Um 1320 wollten einige Kartäusermönche auch in Tirol ein Kloster nach den strengen Regeln ihres Ordens gründen. Im schwer zugänglichen Schnalstal fanden sie einen Platz, der fern genug schien von allen Versuchungen der Welt. Heinrich Graf von Tirol, ein Sohn Meinhards II., verpflichtete die Bauern des Tals, dem Kloster einen Teil der Ernte abzugeben. Dafür hatten die Mönche auch für sein Seelenheil zu beten. Ein zu der Zeit übliches Outsourcing von Frömmigkeitspflichten.

In ihrem asketischen Extremismus verstanden sich die Kartäuser als Gegenmodell zu den Klöstern mit laxeren Regeln, wie sie ab ca. 1100 auch in Tirol entstanden waren. Etwa die Benediktiner-Abtei **Marienberg** 1, gestiftet von den Herren von Tarasp aus dem Unterengadin, die damit ihre Ansprüche auf den Vinschgau demonstrieren wollten. Oder **Neustift** 2, eine Abtei der Augustiner-Chorherren. Dieser lebensfrohe Orden ließ sich auch in Gries bei Bozen und im heutigen San Michele im Etschtal nieder, wohl nicht zufällig jeweils in einer Weingegend.

So unterschiedlich das Ordensleben, so ähnlich die Probleme. 1525 stürmten wütende Bauern einige der Abteien – aufgebracht über die hohen Abgaben, mit denen sie Adel und Geistlichkeit durchfüttern mussten. Ausgerechnet der Sekretär des Fürstbischofs in Brixen, ein

Mann namens Michael Gaismair, führte die Bauern an. Seine revolutionären Forderungen: keine Privilegien für den Adel, keine weltliche Macht für die Kirche, freie Wahl der Pfarrer durch das Volk. Unter dem Einfluss des Schweizer Reformators Ulrich Zwingli entwarf Gaismair für Tirol ein demokratisches Utopia – erstaunlich für die damalige Zeit. Als der Aufstand scheiterte, floh er zu den Venezianern. Auf seinem Landsitz bei Padua wurde er dann erstochen. Seinen Mörder haben vermutlich die mit den Venezianern verfeindeten Habsburger gedungen. Gegen die Kirche, gegen die Habsburger: kein Wunder, dass Gaismair es in Tirol nie zum Volkshelden brachte – anders als später der fromme, kaisertreue Andreas Hofer.

Mit der Tiroler Frömmigkeit war es ab Mitte des 16. Jahrhunderts für eine Weile nicht mehr weit her. Aus Klöstern und Pfarreien häuften sich Berichte über moralischen Verfall, über Konkubinate und andere lockere Sitten. In Marienberg hauste um 1600 zeitweise nur noch ein Mönch. Selbst die strengen Kartäuser erlagen der Versuchung, kauften um 1620 in Marling 3 einen großen Weinhof, und einige Mönche gaben sich nun lieber dem Weinhandel hin als der Kontemplation. Der Geist ist willig …

Ab Mitte des 17. Jahrhunderts fand die von den Jesuiten ausgehende Gegenreformation in Tirol jedoch besonders großen Anklang. Im gemeinen Volk machten sich barocke Frömmigkeit und religiöser Aberglaube breit. Es häuften sich kirchliche Festtage und Bräuche. Orden und Pfarreien bekamen wieder Zulauf. Innerhalb weniger Jahrzehnte entstanden im heutigen Südtirol allein sieben Klöster des Bettelordens der Kapuziner. Zahlreiche neue Kirchen wurden gebaut, bestehende barockisiert. Klöster wie Marienberg und Neustift zeigten durch aufwendige Umbauten ihre neue Stärke. Das imposant auf einem Felsen thronende Frauenkloster Säben 4 entstand just in dieser Zeit.

Der neue Hang zum Himmlischen war der weltlichen Macht bald suspekt. Maria Theresia von Österreich, selber durchaus fromm, vertrieb die Jesuiten aus dem Reich, erhöhte das Mindestalter für den Eintritt in ein Kloster von 16 auf 25 Jahre, schränkte die überbordenden Prozessionen und Wallfahrten ein und verbot so manchen religiösen Brauch. (Als später die Bayern weitere Verbote einführten, verziehen es ihnen die Tiroler weniger.)

Noch radikaler als Maria Theresia agierte ihr Sohn, Kaiser Joseph II. Klöster, in denen man „nur" betete, löste er von heute auf morgen auf, darunter die Kartause in Schnals 5. Marienberg und Neustift blieben vorerst verschont, weil sie auch Schulen betrieben. Als Tirol aber kurze Zeit später an Bayern fiel, kam auch für diese Klöster erst einmal das Aus. Einige wurden geplündert, Kunstschätze aus Neustift liegen noch heute in der Alten Pinakothek in München.

Nach dem bayerischen Intermezzo (1806–1814) durften einige der Klöster unter Auflagen weitermachen: Marienberg, wenn es den Schulbetrieb in Meran wieder aufnahm; Neustift, sofern es für ein Gymnasium in Brixen die Lehrer stellte. In das bis dahin leere Chorherrenstift in Gries, heute ein Stadtteil von Bozen, zogen Mitte der 1840er-Jahre Benediktiner-Mönche aus Muri in der Schweiz, nachdem der liberale Kanton Aargau sie von dort vertrieben hatte. Und das von den Bayern aufgelöste Chorherren-Kloster in San Michele im Trentino ist seit 1874 ein Forschungsinstitut für Weinbau.

Heute denkt man in Südtirol bei Muri-Gries an den dunkelroten Lagrein aus der Stiftskellerei. Neustift hingegen steht für würzige Weiße.

1 Erzherzog Johanns Mausoleum. Als Spätfolge des missglückten Aufstands anno 1809 durfte Johann für eine Weile nicht mehr nach Tirol. 1844 kaufte er aber Schloss Schenna, wo er dann zeitweise lebte. 1869, zehn Jahre nach seinem Tod, wurde er in einem für ihn im neugotischen Stil gebauten und weithin sichtbaren Mausoleum in Schenna beigesetzt.

2 Sandhof bei St. Leonhard. Das Geburtshaus von Andreas Hofer ist heute Sitz des MuseumPasseier. Das Museum, 2013 für den renommierten „European Museum of the Year Award" nominiert, verzichtet auf Hofer-Verherrlichung und ist daher vielen Patrioten suspekt. Auf der Website des Museums gibt es ein witziges Online-Quiz zu Hofer. www.museumpasseier.it

3 Andreas-Hofer-Denkmal. Es wurde 1914, mehr als hundert Jahre nach Hofers Tod, vor dem Bahnhof Meran errichtet. 1979 wurde es von einer von italienischen Nationalisten gelegten Bombe beschädigt. Sie war die Revanche für einen wiederholten Anschlag auf ein Alpini-Denkmal in Bruneck, den „Kapuzinerwastl" (siehe Seite 46).

Ein Wirt als Volksheld

Sprache und Gemüt sind ähnlich, in den Bajuwaren haben wir schließlich gemeinsame Ahnen. Aber wie unter Brüdern üblich, kann es zwischen Bayern und Tirolern auch ordentlich krachen. 1703 zum Beispiel, als bayerische Truppen auf einer Nebenbühne des Spanischen Erbfolgekriegs kurzerhand Tirol überrennen wollten, sich aber blutige Nasen holten. Die Kämpfe gingen als „Boarischer Rummel“ in die Geschichte ein.

Und dann eben anno 1809. Österreich führte seit Jahren Krieg gegen das revolutionäre Frankreich. Mit wenig Erfolg. 1805 setzte es erneut eine Niederlage. Napoleon holte sich in einem Friedensdiktat das strategisch wichtige Tirol und gliederte es dem gerade entstandenen Königreich Bayern an, seinem Verbündeten. Zu der Zeit trennten Tirol und Bayern Welten.

Hier die alte Grafschaft, gottesfürchtig, den Habsburgern treu ergeben und verwöhnt von Privilegien. So durften die Tiroler seit einem Erlass des Kaisers von 1511 die Landesverteidigung mit ihren Schützenverbänden selbst organisieren, und keiner musste außerhalb des Landes zu den Waffen. Angesichts ständiger Kriege ein kostbares Recht. Dort der junge Staat Bayern unter seinem neuen König Maximilian, der in Frankreich aufgewachsen war und Napoleon bewunderte. In seinem Faible für französische Ideale wollte der König auch seine Provinz Südbayern, wie Tirol nun hieß, modernisieren. Er führte ein neues Steuersystem ein und eine Impfpflicht gegen Pocken. Er stellte den übermächtigen Klerus unter Kuratel, verbot Bräuche wie das Wetterläuten, weil es eh nichts helfe, kurz: Die Bayern gingen die Sache etwas zu forsch an. Als dann Tiroler auch noch zum Kriegsdienst in die Heere Napoleons – gegen die Habsburger! – eingezogen wurden, kochte der Volkszorn über.

Darauf hatten Österreichs Strategen um Erzherzog Johann 1, einem Bruder des Kaisers, nur gewartet. Ihr Kalkül: Käme es in Tirol zu einem Aufstand, würden auch andere deutsche Länder sich gegen Napoleon erheben. Und würde man ihn dann auf breiter Front angreifen, wäre der korsische Parvenü endlich zu besiegen. In dem Passeirer Schützenhauptmann Andreas Hofer fand Wien den Mann, den Aufstand anzuzetteln. Als Wirt und Viehhändler kannte Hofer viele Landsleute, angeblich konnte er überzeugend reden. Und als tiefgläubiger Mensch mit großer Ehrfurcht vor dem Kaiser zweifelte er nicht an der Rechtmäßigkeit eines „heiligen Kriegs" gegen die gottlosen Besatzer.

Das liberale städtische Bürgertum, insbesondere die Kaufmannschaft der Handelsstadt Bozen, empfand durchaus Sympathien für die bayerischen Reformen. Die Landbevölkerung aber ließ sich vom Sandwirt 2 (den Namen hatte Andreas Hofers Sandhof von den häufigen Überschwemmungen der Passer) rasch für einen Aufstand begeistern. Als er im April 1809 losbrach, versprach der Kaiser in Wien, er werde erst dann mit Frankreich Frieden schließen, wenn Tirol wieder österreichisch sei. Doch bereits im Sommer musste er seine Truppen aus Tirol abziehen und einen Waffenstillstand schließen.

Abgeschnitten von militärischen Informationen und unfähig, an einen Wortbruch des Kaisers zu glauben, ließ Hofer weiterkämpfen. Zunächst mit einigem Erfolg. Vom Bergisel herab vertrieben seine Schützen die bayerisch-französische Besatzung aus Innsbruck, im August 1809 zog er selbst als Regent in die dortige Hofburg ein. Ohne Hilfe von außen musste die Rebellion aber scheitern. Im Spätherbst flüchtete Hofer in die Passeirer Berge, wurde verraten, wegen des Verstoßes gegen das Kriegsrecht vor ein französisches Militärgericht gestellt und am 20. Februar 1810 in Mantua standrechtlich erschossen. Vier Jahre später, mit dem Ende der napoleonischen Herrschaft, verzichtete Bayern auf die Unruheprovinz und gab Tirol an Österreich zurück.

Trotz oder gerade wegen seines Scheiterns stieg der bärtige Rebellenführer zum Volkshelden auf. Als solcher war er vielfältig zu vereinnahmen: als Symbol für einen Tiroler Freiheitsdrang, obwohl er alles Liberale verteufelte; als antiitalienisches Fanal im Ersten Weltkrieg, obwohl er sich zu Lebzeiten mit Italienern gut verstanden hatte; als Autosuggestion, dass wir Tiroler uns nie unterkriegen lassen.

Über den zum großen Helden aufgebauschten Sandwirt haben Generationen von Tirolern eine gehörige Dosis Patriotismus abbekommen. In Nordtirol noch mehr als in Südtirol. In den Schulen war er lange Pflichtprogramm, Tiroler Patrioten berufen sich noch heute auf ihn. An jedem seiner Todestage treffen sie sich zu Andreas-Hofer-Feiern zu Füßen seines Denkmals 3 in Meran und am Sandhof. Und die Tradition des Schützenwesens wird in seinem Namen noch immer hochgehalten. Allein in Südtirol hat der heute antiitalienisch ausgerichtete Schützenbund 140 Kompanien mit 5000 Mitgliedern, 40 Prozent sind in ihren Dreißigern oder noch jünger.

Und doch: Von den 116 Südtiroler Gemeinden haben nur 17 eine Andreas-Hofer-Straße.

1 Marling

2 Wasserkraftwerk Kardaun. Bei Betriebsbeginn 1929 war es das größte Wasserkraftwerk Europas. Das Wasser wird bei Waidbruck aus dem Eisack abgeleitet und durch einen 16 km langen Tunnel bis kurz vor Bozen geführt. Dort schießt es aus einer Fallhöhe von 165 m in die Turbinen. Die fünf von weitem sichtbaren Druckrohre sind ein schönes Beispiel für die Industriearchitektur der 1920er. Heute gehört das Kraftwerk dem landeseigenen Energiebetrieb Alperia und liefert zehn Prozent der in Südtirol produzierten Energie aus Wasserkraft.

3 Ex-Alluminio. Von der in den 1930ern gebauten Aluminiumfabrik in der Bozner Industriezone sind zwei Hallen erhalten geblieben. Wegen ihrer schönen Fassaden im Bauhaus-Stil stehen sie unter Denkmalschutz. Im Inneren betreiben Südtiroler Betriebe heute ein technologisches Forschungszentrum, den NOI Techpark. 2008 war die „Alluminio" einer der Schauplätze der europäischen Kunstbiennale Manifesta. Von ihr ist die Bemalung des historischen Wasserturms der Fabrik geblieben. https://noi.bz.it/de

Und plötzlich bei Italien

„Hätte man uns deutsch sein lassen, wären wir bestimmt gute Italiener geworden." Dieser Aphorismus meines Großvaters deutet an, was der italienische Faschismus in Generationen von Südtirolerinnen und Südtirolern bewirkte. Indem er die neue Provinz mit allen Mitteln zu italianisieren versuchte, provozierte er eine heftige Abneigung gegen alles Italienische. Da und dort hält sie bis heute an.

Italien hatte sich 1919 auf der Friedenskonferenz in Saint-Germain bei Paris einige Stücke des alten Österreich gesichert: Istrien, das Kanaltal, das Trentino und eben auch das südliche Tirol bis zur Wasserscheide an Reschen- und Brennerpass. Die liberalen Regierungen der ersten Nachkriegszeit behandelten die neuen Staatsbürger durchaus tolerant. 1921 aber nahm ein aggressiver Nationalismus überhand. Als zur Eröffnung der Frühjahrsmesse in Bozen Musikkapellen in Tiroler Tracht durch die Stadt zogen, fielen bewaffnete Faschisten über die Musikanten her. Die aus Oberitalien angereisten Schlägertrupps verletzten einige schwer, ein Lehrer aus Marling (1) starb durch Schüsse in den Rücken. Die Täter wurden nie ermittelt.

Im Jahr darauf kam Benito Mussolini an die Macht. Mit seiner faschistischen Diktatur begann eine forcierte Italianisierung der „Fremdstämmigen". In den Schulen durfte nur noch auf Italienisch unterrichtet werden. Auch die öffentliche Verwaltung, Postämter und Polizei kommunizierten mit den Bürgern nur noch auf Italienisch – egal ob sie die Sprache verstanden oder nicht. Gewählte Bürgermeister mussten gehen, an ihre Stelle setzte das Regime den Podestà, einen meist linientreuen Funktionär.

Deutsche Ortsnamen waren nicht mehr erlaubt, selbst Vornamen mussten italienisch werden (z. B. Giuseppe statt Josef). Das Regime plante sogar die „Rückübersetzung" deutscher Familiennamen in die angeblich römischen Urversionen, eine Liste mit etlichen Tausend Namen kursierte bereits. In Erzählungen aus der Zeit klingt Ohnmacht gegenüber staatlicher Willkür und präpotenten Beamten durch.

Widerstand war immerhin in geheimen Deutschkursen möglich, mit denen ab 1926 an einigen Orten das Verbot von deutscher Schulbildung unterlaufen wurde. Die Kinder trafen sich nach dem regulären Unterricht in irgendeiner Stube in der Nachbarschaft und lernten mit geschmuggelten deutschen Büchern lesen und schreiben. Die meist als Bäuerinnen getarnten Lehrerinnen wie auch die Kinder mussten ständig damit rechnen, erwischt zu werden. An den Mythen über die „Katakombenschule" scheitern noch heute Versuche, die Trennung zwischen der deutschen und italienischen Schule aufzuheben und eine mehrsprachige einzurichten.

Mussolinis Leute mussten bald einsehen, dass mit kulturellem Druck allein eine Italianisierung Südtirols nicht zu erreichen war. Das Regime förderte nun eine massive Zuwanderung aus dem Süden, um auf diese Weise das Ziel zu erreichen. Ab Mitte der 1930er wurde am Stadtrand von Bozen eine riesige Industriezone aus dem Boden gestampft. Staatssubventionen, billiger Strom aus Wasserkraftwerken **2** und politischer Druck brachten nationale Aluminium-, Stahl- und Magnesiumkonzerne dazu, moderne Fabriken ❸ zu errichten. Eine Chemiefabrik war bereits 1925 bei Meran in Betrieb gegangen. Bis 1939 waren 56.000 Italienerinnen und Italiener nach Südtirol gezogen, nach dem Krieg folgten weitere Zuwanderungswellen. Seit damals ist Bozen zu zwei Dritteln italienisch, Meran zur Hälfte.

Die Erfahrungen im Faschismus gruben sich, zusammen mit der Angst vor Überfremdung, tief ins Gedächtnis der damaligen Generationen ein. Die sogenannte Option (siehe S. 53 ff.), der Kampf um eine Autonomie, das fast manische Trennen in hier die „Deitschn", dort die „Walschn" – ohne das Trauma des Faschismus kaum denkbar. Und noch lange danach konnte deutschsprachigen Südtiroler Familien kaum Schlimmeres widerfahren, als dass die Tochter mit einem „Walschn" nach Hause kam. An „Mischehen" haftete ein Makel.

Heute sind „gemischte" Beziehungen fast normal, ethnisch geschürte Konflikte im täglichen Zusammenleben gibt es kaum. Und doch: Die Politik verläuft häufig noch immer entlang einer Linie zwischen „wir" und „denen". Und noch heute schreiben einige im Land den Namen Südtirol konsequent mit Bindestrich, als sei Tirol noch immer „lei oans" (nur ein einziges), wie es in einem Heimatlied heißt, und der südliche Teil etwas nur vorläufig Abgetrenntes. Folgerichtig verkündet die dezidiert patriotische Oppositionspartei Süd-Tiroler Freiheit seit Jahren auf Plakaten und Aufklebern ihr trotziges Motto: „Süd-Tirol ist nicht Italien".

1 **Beinhaus Burgeis**

2 **Beinhaus Innichen**

3 **Gerichtsplatz Bozen**. Der weite Platz im Stadtteil Gries und seine Bebauung sind ein gutes Beispiel für die rationalistische Architektur im Italien der 1930er-Jahre. Gegenüber dem monumentalen Gerichtsgebäude steht der ehemalige Sitz der faschistischen Partei mit dem Mussolini-Relief an der Fassade, heute Sitz des Finanzamts. Ein pikantes Detail: Das Relief war die Arbeit eines Südtiroler Künstlers: Hans Piffrader.

4 **Wasserkraftwerk Barbian**. 1936 vom Staatskonzern Montecatini gebaut, versorgte es vor allem die Aluminiumwerke in Bozen mit Strom. Der gewaltige Pferdekopf der 1961 von Österreichern gesprengten Reiterstatue steht im Bergisel-Museum bei Innsbruck. Das Kraftwerk gehört heute zur landeseigenen Alperia AG und liegt an der Staatsstraße nördlich von Waidbruck.

5 **Siegesdenkmal Bozen**. Die 2014 eröffnete, mit mehreren Preisen ausgezeichnete Ausstellung im katakombenhaften Sockel erzählt die Baugeschichte des Denkmals. Vor allem aber widmet sie sich der Ideologie von Faschismus und Nationalsozialismus. www.siegesdenkmal.com

Mussolini und die Bilderstürmer

Hinc ceteros excoluimus lingua legibus artibus. Die Inschrift auf dem 20 Meter hohen Triumphbogen aus weißem Marmor lässt keinen Zweifel an seiner Botschaft: „Von hier aus bildeten wir die anderen in Sprache, Gesetzen, Künsten.“ Mit den „anderen“ waren die Südtiroler gemeint, ursprünglich sollte statt *ceteros* gar *barbaros* stehen.

Das Denkmal in Bozen hätte nach einer ersten Idee von Benito Mussolini an die italienischen Opfer des Weltkriegs erinnern sollen. Als 1926 der Bau anlief, wuchs die Gedenkstätte aber schnell zum *Monumento della vittoria* an, zum Denkmal des Siegs über Österreich-Ungarn. An gleicher Stelle hatten die Österreicher 1917 mit dem Bau eines Ehrenmals für die Kaiserjäger begonnen, es aber nicht mehr zu Ende gebracht. Seine Granitblöcke, gewissermaßen die Reste der zerbröselten Donaumonarchie, fanden im Sockel des *Monumento della vittoria* Verwendung. Recycling mit Symbolkraft.

Das Siegesdenkmal am rechten Ufer des Flusses Talfer war der Anfang eines neu angelegten Stadtviertels im Stil der italienischen Moderne. Seine breiten Achsen und weiten Plätze bildeten einen Gegenentwurf zu der in Jahrhunderten gewachsenen Altstadt. Es wurde nicht alles gebaut, was die vom Regime nach Bozen entsandten Stadtplaner zu Papier brachten. Grundzüge ihrer Vision sind im heutigen Stadtbild westlich der Talfer aber deutlich zu sehen.

Das *Monumento della vittoria* blieb nicht das einzige Denkmal der faschistischen Ära. An der Straße zum Reschenpass thront ein wuchtiges **Beinhaus** ❶. Ein ähnliches steht, ebenfalls in Grenznähe, bei **Innichen** ❷. Anders als die Inschriften behaupten, starben viele der hier beigesetzten Soldaten irgendwo weiter im Süden. Erst Ende der 1920er brachte man die Gebeine hierher: makabres Markieren der nach dem Ersten Weltkrieg weit nach Norden verschobenen Grenze. Am **Gerichtsplatz** ❸ in Bozen ließ das Mussolini-Regime noch kurz vor seinem Sturz ein monumentales Steinrelief anbringen. Es zeigt Szenen vom „Aufstieg des faschistischen Italien", im Zentrum sitzt Duce („Führer") Mussolini in triumphaler Pose hoch zu Ross, daneben der zentrale Wahlspruch des Regimes: *Credere, obbedire, combattere* (glauben, gehorchen, kämpfen). Die letzten Platten des Reliefs wurden erst 1957 montiert, 14 Jahre nach dem Sturz des Regimes und just am Beginn des Konflikts um eine Autonomie für Südtirol.

Die steinernen Relikte aus der Zeit des Faschismus erregten von Anfang an das Südtiroler Gemüt. Eine sechs Meter hohe Alpini-Statue, 1938 zu (zweifelhaften) Ehren der im Abessinien-Krieg eingesetzten Italiener auf dem Kapuzinerplatz in Bruneck errichtet, fiel bereits 1943 – kaum war die deutsche Wehrmacht in Südtirol eingerückt. Später stellte das italienische Militär noch zweimal entschärfte Alpini-Statuen auf, nun offiziell im Gedenken an die zivilen Einsätze der Gebirgsjäger. Beide Statuen brachten Bomben zu Sturz, zuletzt 1979. Von der beschädigten letzten Statue des „Kapuzinerwastl" (Spottname im Volksmund) steht heute nur noch eine monströse Büste. Den „Aluminium-Duce", ein überdimensionales Reiterstandbild in **Barbian** ❹ mit den Gesichtszügen

Mussolinis, hatte eine Bombe bereits 1961 vom Sockel geholt.

Auch am Siegesdenkmal in Bozen gab es in den 1970ern etliche Versuche, es nachts in die Luft zu jagen. Seither wurde es viele Jahre lang streng bewacht und von einem Metallgitter umzäunt. Vor dem Triumphbogen zelebrierte das italienische Militär bis 1996 an jedem 4. November den Jahrestag der Kapitulation Österreichs, mit der für Italien der Erste Weltkrieg endete. Für manche in Südtirol eine zusätzliche Provokation. Auf der anderen Seite erlebte die Bozner Stadtverwaltung ein Debakel, als sie 2000 „im europäischen Geist" den Siegesplatz rund um das Denkmal in Friedensplatz umbenannte. Ein Referendum in der mehrheitlich italienischsprachigen Stadt erzwang zwei Jahre später die Rückkehr zum alten Namen.

Für den gelasseneren Teil der Südtirolerinnen und Südtiroler sind die Monumente aus der Zeit des Faschismus historische Zeugen und wichtig fürs Geschichtsbewusstein. Zumal einige inzwischen entschärft sind. Auf das Mussolini-Relief ist ein Zitat von Hannah Arendt projiziert („Kein Mensch hat das Recht zu gehorchen"), der Unterbau des **Siegesdenkmals** 5 ist ein Ausstellungsraum und eine der weißen Marmorsäulen ist durch eine rote Laufschrift verfremdet.

Für den harten Kern deutschsprachiger Patrioten alles nur „Augenauswischerei". Die Monumente seien eine Beleidigung für die (deutsche) Volksseele und müssten weg. Basta!

1 Franzensfeste. In sieben der über hundert Kasematten erzählt seit 2012 eine Dauerausstellung vom Bau der Festung und ihrer späteren Nutzung. Auch von den 127,5 Tonnen schweren Goldreserven der Banca d'Italia, die Nazideutschland in Rom geraubt und 1943 für einige Monate in der Franzensfeste versteckt hatte. Nur ein kleiner Teil ging später zurück nach Rom. Bis in die 1980er kursierten Gerüchte, einige Kisten mit Goldbarren lägen noch immer in der Festung. www.franzensfeste.info/die-kathedrale-in-der-wueste

2 Militärstraße am Brenner. Eine der vielen für den *Vallo Alpino* gebauten Militärstraßen ist heute eine beliebte Mountainbike-Route. Von Gossensaß oder Brennerbad führt sie in mäßiger Steigung bis zu dem rund 2000 m hohen Bergkamm, der seit 1919 die Staatsgrenze bildet.

3 Plamort hoch über dem Reschenpass auf 2000 m Meereshöhe ist eine noch gut erhaltene große Panzersperre, dere bizarre Spitzen aus einem Hochmoor ragen. Mit Führung kann auch die Bunkeranlage Etschquelle bei der Ortschaft Resche besichtigt werden. www.vinschgau.net

4 Mals

5 Plose (2576 m)

6 Natz-Schabs

Land der Bunker

Die Franzensfeste 1 ist nicht zu übersehen. Das riesige Bollwerk haben österreichische Militärstrategen um 1835 in die Talenge nördlich von Brixen setzen lassen, damit sich eine Blamage wie in einem der ersten Napoleonischen Kriege nicht wiederhole. Damals – Andreas Hofer war noch nicht in Aktion – konnte ein Teil der französischen *Armée d'Italie* von Süden her bis fast zum Brenner und ins Pustertal vorstoßen, in den Rücken von Österreichs Armee. Der Kaiser musste um einen Waffenstillstand bitten.

Für die dreiteilige Bastion boten die Ingenieure alle Finessen des damaligen Festungsbaus auf: besten Granit, geräumige Kasematten mit bombensicheren Gewölben, spezielle Entlüftungsschächte für den Qualm der Geschütze, unterirdische Treppengänge von einer Bastion in die andere. Die mit 452 Stufen längste der Treppen überwindet in einem Stück 75 Höhenmeter. Nach Kaiser Franz I. benannt, sollte die Franzensfeste bereits mit ihrer imposanten Erscheinung allen Invasoren den Schneid abkaufen. Wie im Mittelalter die Burgen. Am Ende war das sündteure Bauwerk nutzlos, kampflos ging es nach dem Ersten Weltkrieg ans italienische Militär über.

Irrwitzig auch der *Vallo Alpino*. Kaum an der Macht, war Benito Mussolini von der Idee besessen, die italienische Grenze entlang des gesamten Alpenbogens mit Bunkern zu sichern. In den französischen Alpen setzte der Bau bereits in den 1920ern ein. In Südtirol, wo Mussolini mit einem Einfall der Deutschen rechnete, erst 1939 – nach dem „Anschluss" Österreichs ans Deutsche Reich und just nachdem Mussolini und Hitler sich in ihrem „Stahlpakt“ gegenseitigen Beistand versprochen hatten.

Während die Franzensfeste durch ihr Erscheinungsbild abschreckte, sollte der Alpenwall unsichtbar und geheim bleiben. Den Bau führten Arbeiter aus südlichen Provinzen aus, den Südtirolern traute das Regime nicht. Und wo immer möglich, ließ man die Bunker hinter einer Tarnung verschwinden: in Attrappen von Bauernhäusern und Scheunen, hinter Kunstfelsen oder vorgesetzten Hausfassaden. Noch heute stehen mitten im Wald vermooste Türen, die in einen Stollen führen. Oder vorgetäuschte Felsen, die sich – Sesam, öffne dich! – zur Seite schieben ließen.

Der Bau des Alpenwalls verschlang Unsummen. In die meterdicken Bunkerwände soll gleich viel Beton geflossen sein wie später in den Südtiroler Teil der Brennerautobahn. Natürlich blieb er, bei 20.000 eingesetzten Arbeitern, bei Sprengungen, den zahlreichen Enteignungen und dem Bau von **Straßen** 2, nicht geheim. Der deutsche Geheimdienst wusste bald recht genau, was da vor sich ging.

700 **Sperranlagen** 3 und Bunker, auch sehr kleine, standen bereits, weitere waren im Bau, als das Regime 1942 die Idee des Alpenwalls von heute auf morgen aufgab. Wie unvermittelt, zeigt ein Monster aus nacktem Beton, das bei **Mals** 4 frei in der Landschaft steht. Für seine Tarnung war offenbar nicht mehr Zeit gewesen. Der Hauptgrund für das abrupte Ende: Die Militärs hatten inzwischen wohl erkannt, dass Kampfpanzer neuester Bauart aus Bunkern heraus nicht zu stoppen waren. Als ein Jahr später, nach dem Sturz von Mussolinis Regierung, die Wehrmacht tatsächlich nach Norditalien einmarschierte, spielte der *Vallo Alpino* schon keine Rolle mehr.

Ein Teil bekam später im Kalten Krieg noch einen strategischen Wert, als die NATO auf dem Brixner Hausberg **Plose** ❺ eine Radarstation betrieb und in **Natz-Schabs** ❻ und wohl auch in der Franzensfeste Atomsprengköpfe für Kurzstreckenraketen lagerte. In dieser Phase, ab 1967 für mehr als 20 Jahre, wurden im Pustertal Bunker des *Vallo Alpino* für einen möglichen Vorstoß sowjetischer Bodentruppen in Schuss gehalten.

1999 trat das italienische Militär die Anlagen des Alpenwalls an das Land Südtirol ab. Von den Bunkern sind inzwischen einige an Private verkauft, als Lager oder Partykeller. 2003 übertrug der Staat auch die Franzensfeste an das Land Südtirol. Teile der Festung waren mehrmals Schauplatz von Kunstausstellungen, Rockkonzerten und der Mountainbike-Show eines österreichischen Softdrinkproduzenten. Aber was auf Dauer tun mit diesem Giganten aus Stein? Nach rund zehnjährigem Nachdenkprozess dann eine Idee, auf die man in Südtirol öfters kommt, wenn es um die Nutzung alter Bausubstanz geht: Die Franzensfeste soll irgendwann zu einem weiteren Landesmuseum werden – nach einem Konzept, das fast so weitläufig ist wie die Festung selbst. Um trennende Grenzen und um Begegnungsräume soll es gehen, um Migration und die Option von 1939 (siehe S. 53 ff.), um den Transit, um Identität, um die Autonomie …

1 Brenner. Die am Brennerpass verlaufende Grenze wird in Südtirol meist als Synonym für die gesamte 1919 gezogene Grenze zwischen Italien und Österreich verwendet. Aus damaliger italienischer Sicht war die Brennergrenze nur natürlich, da sie über weite Strecken der Wasserscheide am Alpenhauptkamm folgt.

2 Schloss Tirol. Im mächtigen Bergfried des Schlosses ist der Option von 1939 eine kleine Ausstellung gewidmet. Sie ist Teil des 2003 eingerichteten „Turms der Erinnerungen". Der chronologisch angeordnete Parcours in einem nach oben führenden Treppengerüst vertief auf 20 Ebenen markante Ereignisse in der Südtirole Geschichte zwischen 1909 und 2014. www.schlosstirol.it

Als fast alle gehen wollten

Wie war das nur möglich? Wenn wir später Geborenen unsere Eltern fragten, warum 86 Prozent der Südtirolerinnen und Südtiroler bereit waren, in der NS-Zeit ihre Heimat aufzugeben und in ein Gebiet des „Großdeutschen Reichs" zu ziehen, gab es als Antwort meist nur ein „Wer das nicht selbst erlebt hat, wird es nie verstehen".

Im März 1938 hatte das NS-Regime den „Anschluss" Österreichs ans Deutsche Reich erzwungen. Ein halbes Jahr später folgte das Sudetenland. Viele in Südtirol, die unter dem italienischen Faschismus und unter wirtschaftlich-sozialer Not litten, glaubten, Hitler werde nun bestimmt auch ihr Land „heim ins Reich" holen und damit aus dem Joch der italienischen Fremdherrschaft befreien. Im Mai 1939 aber die schockierende Nachricht von einem Pakt zwischen Hitler und Mussolini: Die Brennergrenze (1) bleibe „für alle Zeiten" bestehen. Im Juni der nächste Schlag. Die Deutsch- und Ladinischsprachigen in Südtirol hätten die Wahl: entweder ins Deutsche Reich auszuwandern oder zu bleiben und damit für immer auf alle Ansprüche als Minderheit zu verzichten. Gleiches galt für die Zimbern, eine auf das Bairische zurückgehende Sprachminderheit in den Provinzen Trient und Belluno, sowie für Deutschsprachige, Ladiner und Slowenen im Nordosten Italiens.

Die Organisation dieser sogenannten Option übernahm auf deutscher Seite die SS. Sie wollte möglichst viele zum Auswandern bewegen, brauchte das Reich doch für künftige Eroberungen „volksdeutsche" Siedler. Eine massive Propaganda versprach den Südtirolern ein neues Land, wo alles mindestens genauso schön sei wie daheim – die gleichen Dörfer, die gleichen Höfe, nur eben ohne italienische Unterdrückung. „Ihr wählt zwischen einem uns fremd gewordenen Südtirol und zwischen dem Lande, das uns der Führer im deutschen Reichskörper zuweisen wird", hieß es in einem der vielen Flugblätter. Die Zielangaben variierten zwischen Galizien, Burgund und der Krim. Dass dort die Menschen erst vertrieben werden müssten, spielte keine Rolle. Dafür kursierte das gezielt gestreute Gerücht, mit Bleiben sei gar nicht Südtirol gemeint, sondern italienisches Staatsgebiet. Wer sich nicht fürs Deutsche Reich entscheide, müsse damit rechnen, nach Sizilien umgesiedelt zu werden.

Unter der NS-Propaganda lief die Option auf ein ethnisches Bekenntnis hinaus. Wer gehe, bekenne sich „stolz und frei als Deutscher". Wer bleibe, verleugne seine Kultur und sei bereit zu „verwelschen". Je größer gegen Ende 1939 das Lager der „Optanten" oder „Geher" wurde, desto häufiger die Übergriffe auf erklärte „Dableiber". Vielen warf man die Fenster ein, beschmierte ihre Häuser, selbst ihre Kinder wurden angepöbelt. Freundschaften zerbrachen, die Gräben verliefen auch durch Familien. Schließlich optierten rund 86 Prozent fürs Auswandern. Manche wohl auch in der irrigen Hoffnung, ein überwältigendes Bekenntnis zum Deutschen Reich würde Hitler dazu bewegen, Südtirol doch noch zu annektieren.

75.000 meist Besitzlose – Angestellte, Tagelöhner – gingen tatsächlich. Die meisten von ihnen kamen in schnellstens errichteten Südtiroler-Siedlungen im nahen Österreich unter. Für die große Zahl der Bauern, Hausbesitzerinnen, Unternehmer geriet die Umsiedlung hingegen bald ins Stocken. Das Abkommen verpflichtete Italien, für den zurückbleibenden Besitz eine Entschädigung zu bezahlen. Deren Höhe mussten eigene „Wertfestsetzungskommissionen“ erst bestimmen. Bei vielen Tausend Einzelfällen ein riesiger Aufwand. Auch wurden den italienischen Behörden allmählich die wirtschaftlichen Folgen bewusst, sodass ihr anfänglicher Eifer, „diese Querulanten“ rasch aus dem Land zu bringen, bald nachließ.

Als im Juli 1943 Mussolini stürzte und die Wehrmacht am 8. September Norditalien besetzte, war es mit der Umsiedlung vorbei. Die noch nicht ausgewanderten „Geher“ feierten den deutschen Einmarsch in Südtirol auch als Ende der Option, „Dableiber“ erlitten weitere Repressalien. Bei Kriegsende kehrten an die 10.000 der Ausgewanderten zurück, illegal. Erst 1948 war Italien bereit, den meisten Optanten für Deutschland die italienische Staatsbürgerschaft zurückzugeben. Einige Tausend verzichteten und blieben, wo sie waren. Die meisten in Österreich.

Die Option blieb lange ein Tabu. Die später übermächtige Südtiroler Volkspartei, 1945 aus einer schwierigen Versöhnung zwischen „Gehern“ und „Dableibern“ entstanden, hatte zunächst wenig Interesse an einer kritischen Aufarbeitung (2). Erst 1989, 50 Jahre nach der Option, kam in Bozen für einige Monate eine Ausstellung zustande. Seitdem haben Historikerinnen und Historiker noch viel geforscht und publiziert. In vielen Familien blieb die Option aber ein Thema, das man besser mied.

1 Universität Bozen. Über Jahrzehnte haben konservative Kreise in Südtirol sie verhindert, weil sie schädlich für den Bestand der deutschen Volksgruppe sei. Außerdem habe Südtirol doch in Innsbruck „seine" Landesuniversität. 1997 kam die Freie Universität Bozen dann doch. Sie hat fünf Fakultäten, gearbeitet wird hauptsächlich auf Deutsch, Italienisch und Englisch. Von den rund 4000 Studierenden kommen fast 20 Prozent aus dem Ausland. Die Fakultät für Bildungswissenschaften – sie ist die größte der fünf – hat ihren Sitz in Brixen.

Südtirol und seine Schutzmacht

Zurück zu Österreich? Wie viele in Südtirol das, frei nach Karl Valentin, mögen wollen täten, weiß niemand so genau. Die Möglichkeit ist zu hypothetisch für eine verlässliche Antwort. Außerdem: Welche Trümpfe hätte man gegenüber Italien im Verlangen nach immer noch mehr Eigenständigkeit in der Hand, wenn herauskäme, dass diese Rückkehr gar nicht mehr so viele wünschen sollten? Also lieber nicht fragen.

Ende des Zweiten Weltkriegs schien es kurz, als könnte es dazu kommen. US-Präsident Franklin D. Roosevelt und der britische Premier Winston Churchill hatten 1941 in ihrer Atlantik-Charta das Recht der Völker auf Selbstbestimmung betont. Es floss in die Charta der Vereinten Nationen ein. Folgerichtig drängte Österreich 1945 die Siegermächte, die Südtirolerinnen und Südtiroler abstimmen zu lassen, welchem Staat sie angehören möchten. Nach den Erfahrungen im faschistischen Italien wäre das Ergebnis vermutlich klar ausgefallen.

Aber 1946 – Churchill inzwischen in Opposition und Roosevelt tot – sprachen die USA ein Machtwort. Die Brennergrenze infrage stellen? No way! Für Amerikaner und Briten hatte nun die Rivalität mit dem Ostblock Vorrang. Da durfte man Italien nicht vergraulen. Südtirol, so der österreichische Außenminister Karl Gruber, war eben „nur Kleingeld im Länderschacher“. Aufgrund solcher Wendungen sehen wir Südtiroler uns bis heute gern als Opfer der Geschichte.

Kurz darauf begann in Paris die Friedenskonferenz. „In der Absicht, gutnachbarliche Beziehungen herzustellen“, setzten Außenminister Gruber und der italienische Regierungschef Alcide De Gasperi am Rand der Konferenz einen kurzen Vertrag auf. Er geistert seitdem als Gruber-De-Gasperi-Abkommen oder Pariser Vertrag durch die politischen Debatten. Österreich akzeptierte wohl oder übel den Verbleib Südtirols bei Italien – nach Rücksprache in Bozen. Im Gegenzug versprach Rom den Südtirolern etliche Rechte als Minderheit und vage auch etwas Autonomie.

Am Pariser Vertrag klebte erst einmal der Makel des Verzichts. Zumal bald klar wurde, was das zentralistische Italien unter regionaler Eigenständigkeit verstand. Wohl bekam Südtirol 1948 ein erstes Autonomiestatut, jedoch gemeinsam mit der Provinz Trient. Da beide Provinzen in einer Gebietskörperschaft, der sogenannten Region, zusammengespannt waren, ergab sich im Regionalparlament immer eine italienische Mehrheit. Kalkül oder nicht: Diese Mehrheit hatte wenig Verständnis für „deutsche“ Extrawürste, sodass die Autonomie für Südtirol eine auf dem Papier blieb.

Was in Paris versprochen wurde, habe Südtirol bekommen, alles Weitere sei eine inneritalienische Angelegenheit. So argumentierten unisono die italienischen Regierungen jener Jahre. Genau hier liegt der Wert des Abkommens von Paris: Indem es mit Österreich ausgehandelt worden war, hatte Italien anerkannt, dass Südtirol eben doch beide Staaten betrifft.

Aufgrund dieser „Schutzmacht-Funktion“ stellte sich Österreich hinter die Südtiroler Proteste gegen die mickrige Selbstverwaltung, schaltete 1960 die UNO ein und verlangte – mit Erfolg – eine neue, wirkliche Autonomie.

Wann immer danach Schwierigkeiten mit Rom auftauchten – ein Zugeständnis, das der Staat nicht machen, ein Privileg, das er entziehen wollte –, drohte Bozen mit einem Anruf in Wien. Und bekam meistens, was es wollte.

Österreich zahlte dafür einen hohen Preis. Italienische Regierungen ließen immer wieder durchblicken, sie könnten ein Veto gegen Österreichs Beitritt zur EU einlegen, falls das mit der Schutzmacht übertrieben werde. Tatsächlich durfte Österreich erst 1995 in die Gemeinschaft – drei Jahre nach einer feierlichen Erklärung, dass der wegen Südtirol vor der UNO begonnene Streit beigelegt sei. Aber noch immer beteuert jede österreichische Regierung, dass Südtirol eine „Herzensangelegenheit" sei, und noch immer drohen Südtiroler Politiker mit der „Schutzmacht", wenn es mit Rom wieder mal nicht läuft.

Das mit dem Herzen geht so weit, dass – nur ein Beispiel – Südtirolerinnen und Südtiroler an österreichischen Unis den Inländern gleichgestellt sind. Mehr als die Hälfte studieren denn auch in Österreich, obwohl Bozen inzwischen selbst eine **Universität** (1) hat. Dennoch gefallen sich manche in Südtirol, bei vielen Gelegenheiten spöttisch über Österreich herzuziehen.

Am Ende vielleicht doch eine Antwort auf die Frage am Beginn. Kaum im Amt, stellte 2018 in Wien die Regierung aus ÖVP und rechter FPÖ den Südtirolerinnen und Südtirolern – nur den deutsch- und ladinischsprachigen! – neben ihrem italienischen einen österreichischen Pass in Aussicht. Laut einer Umfrage würden 63 Prozent diesen „Doppelpass", so er denn wirklich einmal käme, dankend ablehnen.

1 Sigmundskron.
Ein erster Bau geht auf die Zeit um 950 zurück. Um 1475 ließ der Tiroler Landesfürst Sigismund „der Münzreiche" die Burg mit Wehrmauer und Ecktürmen zu einer großen Festung ausbauen. Doch bald darauf setzte ihr Verfall ein. 1996 ging die Teilruine ins Eigentum des Landes Südtirol über, das sie 2003 dem ehemaligen Extrembergsteiger Reinhold Messner für eines seiner Bergmuseen zur Verfügung stellte. Das löste etliche Polemiken aus: wegen der symbolischen Bedeutung Sigmundskrons für die Geschichte Südtirols und wegen Reinhold Messner, der in Südtirol nicht nur Bewunderer hat. www.messner-mountain-museum.it

2 Porzescharte.
Der hochalpine Übergang an der italienisch-österreichischen Grenze, ca. 3 km Luftlinie außerhalb Südtirols, war im Juni 1967 Schauplatz des blutigsten der Südtiroler Attentate. Vier Carabinieri kamen ums Leben, in mehreren Prozessen wurden Österreicher und Deutsche als Täter verurteilt. Die Motive und der genaue Hergang sind bis heute umstritten.

Ein Marsch, dann Bomben

35.000 Südtirolerinnen und Südtiroler protestierend auf der Straße. Das hatte es noch nie gegeben. Auslöser für die Demo am 17. November 1957 war die Ankündigung, Rom werde in Bozen weitere 5000 Wohnungen bauen lassen – vor allem für Zuwanderer aus anderen Provinzen. Das Bauprogramm war Teil der *Politica del 51 per cento* (Politik der 51 Prozent), ein Plan der Regierung, den italienischen Bevölkerungsanteil Südtirols auf über 50 Prozent zu heben. Pariser Abkommen hin oder her.

Es war der erste Härtetest für den frisch gekürten Obmann der Südtiroler Volkspartei (SVP). 1945 gegründet, war die SVP im Hintergrund mit dabei, als Österreich in Paris nur die vage Zusage einer Autonomie für Südtirol herausholte. Dann saß sie im Regionalparlament mit der Provinz Trient und konnte nicht verhindern, dass die italienische Mehrheit eine Autonomie für Südtirol hintertrieb. Und sie musste mit ansehen, wie auch die Zuwanderung aus südlichen Provinzen weiterging.

Im Mai 1957 setzte die SVP ihre als zu lasch empfundene Führung ab und wählte den kriegsversehrten Silvius Magnago zu ihrem neuen Obmann. Ein halbes Jahr später folgte sein Aufruf, gegen Rom auf die Straße zu gehen. Eine riskante Aktion. In den Monaten zuvor war es zu ersten Anschlägen gegen italienische Einrichtungen gekommen. Was, wenn die Demonstration in Gewalt ausartete? Und was, wenn die Massen eine Rückkehr zur Maximalforderung verlangten, die Abspaltung Südtirols von Italien?

Weil die Behörden einen Protestmarsch durch Bozen verboten, ging er zur Ruine Sigmundskron (1). Der charismatische Magnago schwor die erwartungsvollen 35.000 auf ein moderates „Los von Trient!“ ein: Die Zwangsehe mit dem Trentino müsse ein Ende haben, und es müsse Verhandlungen um eine wirkliche Selbstverwaltung für Südtirol geben. Ein „Los von Rom!“ war damit erneut vom Tisch. Am Ende forderte Magnago alle auf, in Ruhe heimzugehen. Er habe den Behörden sein Wort, „mein deutsches Wort“, gegeben, dass die Kundgebung friedlich bleibe. Von da an war der hagere, beinamputierte Magnago die Symbolfigur des autonomen Südtirol und Sigmundskron ein Mythos.

Italien blieb erst einmal stur. Südtirol habe doch seine Autonomie! Österreich widersprach mit Verweis auf den Protest von Sigmundskron und brachte den Fall 1960 vor die Generalversammlung der UNO. Diese forderte „nachdrücklich“ zu einer „Lösung aller Differenzen“ auf. Italien ließ sich nun tatsächlich auf erste Verhandlungen ein. Aber zur selben Zeit häuften sich die Anschläge. Am 12. Juni 1961 – dem Herz-Jesu-Sonntag, an dem in Südtirol traditionell Bergfeuer entzündet werden – flogen rund um Bozen mehr als 40 Masten von Starkstromleitungen in die Luft. Der folgende Blackout legte in Oberitalien Industriebetriebe lahm, ein unbeteiligter Straßenarbeiter starb. Einen Monat später folgten Anschläge in der Lombardei, unter anderem auf die Simplon-Bahnstrecke. Flugblätter riefen dazu auf, Italien als Urlaubsland zu meiden, da weitere Bomben folgen würden.

Hinter diesem ersten Terror steckte eine isolierte, aus Österreich unterstützte Untergrundorganisation namens Befreiungsausschuss Südtirol (BAS). Und der Glaube, wenn es nur oft und laut genug krache, werde Italien sich auf Verhandlungen einlassen oder vielleicht gar die Lust auf diese Unruheprovinz verlieren. Aber Italien schickte das Militär: Ausnahmezustand, Verhaftungen, schwere Misshandlungen. Die gefassten Bombenleger saßen lange im Gefängnis. Gerichtsverfahren gegen Folterer endeten mit Freispruch oder Amnestie.

Ob die Bomben die Verhandlungen um mehr Selbstverwaltung beschleunigt oder im Gegenteil erschwert haben, ist bis heute umstritten. Tatsache ist: Im September 1961 setzte das italienische Innenministerium jene Kommission ein, die in den folgenden Jahren die Grundzüge für ein neues Autonomiestatut ausarbeitete. Mehrmals, als es gerade wieder voranzugehen schien, kam es zu neuen Attentaten (2). Ziel war es jetzt, die Verhandlungen zu stören, und anstatt Strommasten waren Carabinieri und Zöllner das Ziel. Nun mischten pangermanische Extremisten und wohl auch Geheimdienste mit. Bis in die frühen 1980er kam es zu insgesamt 360 Attentaten, mindestens 21 Menschen starben.

Wie wenig fehlte zu einer Eskalation wie in Nordirland? Welche glücklichen Umstände führten dazu, dass der Staatsapparat trotz allem besonnen genug blieb und auf die Gewalt nicht mit noch mehr Gewalt reagierte? Jedenfalls konnte dann doch ein ganzes Paket an Regeln und Garantien ausgehandelt werden, das in eine für Südtirol vorteilhaftere Autonomie mündete.

1969 nahm die SVP in einer heute als historisch gefeierten Abstimmung dieses Paket an. Aber nur 52 Prozent der Delegierten stimmten mit Ja. Was wäre aus Südtirol wohl geworden, hätte eine Mehrheit dieses „Paket“ als zu mickrig abgelehnt?

1 Martell. Die Gemeinde mit rund 850 Einwohnern ist ethnisch die eindeutigste in ganz Südtirol: Laut den aktuellsten verfügbaren Daten, der Volkszählung von 2011, sind 100 Prozent deutschsprachig. Ulten, von Martell durch eine Bergkette getrennt, und Terenten im Pustertal folgen mit 99,4 Prozent.

2 Bozen. Die mit rund 100.000 Einwohnern größte Stadt Südtirols ist auch die italienischste. 73,8 Prozent erklärten sich bei der letzten Volkszählung als italienisch. Hingegen liegt Bozen beim Ausländeranteil mit ca. 15 Prozent bei weitem nicht an der Spitze. In Franzensfeste sind es 27 Prozent.

3 St. Christina. Die kleinste der drei Grödner Gemeinden ist zugleich die ladinischste: 91,4 Prozent der rund 210 Einwohner erklären sich ladinisch. Im angrenzende St. Ulrich, der größten de Grödner Gemeinden, sind es „nur" 84 Prozent.

Ein Land geteilt durch drei

Das „Paket". Unmöglich, in Südtirol zu leben, ohne ständig über dieses bedeutungsschwere Ding zu stolpern. Gemeint ist das Autonomiestatut von 1972 sowie ein dickes Bündel von „Durchführungsbestimmungen" (gleich werden weitere Wortungetüme folgen), die Details regeln und bis 1974 hätten vorliegen sollen.

Aber weil im Detail der Teufel steckt und die Südtiroler Autonomiepolitiker, allesamt begnadete Federfuchser, schnell erkannten, dass sich über die Details noch mehr an Eigenständigkeit herausholen ließ, wenn man nur lang genug verhandelte, zog sich das Feilschen mit Rom hin: nicht zwei Jahre, sondern zwanzig.

Eine der ersten Durchführungsbestimmungen trat 1976 in Kraft und regelte den „ethnischen Proporz", ein Herzstück des Autonomiestatuts. Arbeitsplätze in der öffentlichen Verwaltung, politische Ämter, einige Sozialleistungen, Kultur- und Wohnbauförderung, Stipendien an Studierende – das und noch einiges mehr wurde nun den drei Sprachgruppen proportional zu ihrer Stärke zugesprochen: der deutschen rund 69 Prozent, der italienischen rund 26 Prozent, der ladinischen der Rest. Anfangs waren die Regeln absurd starr. War zum Beispiel eine Arztstelle im Krankenhaus der deutschen Sprachgruppe vorbehalten, kamen – Proporz ist Proporz! – Italiener oder Ladiner nicht zum Zug, selbst wenn sie besser qualifiziert waren oder es keine deutschsprachigen Bewerber gab. Erst nach Jahren gab es eine Korrektur, und der

Proporz galt nicht mehr für einzelne Stellen, sondern für Kategorien.

Für böses Blut sorgte auch die Eile, mit der er erreicht werden sollte. Da vor 1972 die Arbeitsplätze in staatlichen Dienststellen inklusive der Eisenbahn bevorzugt an Italiener vergeben worden waren, besetzten sie weit mehr Stellen, als ihnen nun zustanden. Damit es nicht Jahrzehnte dauerte, bis sich etwa durch Pensionierungen das angestrebte Verhältnis einstellte, sollten Deutsch- und Ladinischsprachige eine Zeit lang überproportional viele Stellen bekommen. Das machte den Proporz vielen Italienerinnen und Italienern madig und neofaschistische Parteien stark.

Inzwischen spiegelt der Personalstand in der öffentlichen Verwaltung die Stärke der Sprachgruppen wider, und bei Sozialleistungen und der Wohnbauförderung zählt der tatsächliche Bedarf mehr als die Sprachgruppe. Den Proporz also einfach abschaffen, wie Kritiker es in der Vergangenheit oft gefordert haben? Hinter vorgehaltener Hand räumt man auch in der Regierungspartei SVP ein, dass es gut auch ohne ihn ginge. Aber er bleibt eine heilige Kuh. Und inzwischen ist er eher ein Schutz für die italienische Sprachgruppe.

Damit die Stärke der Sprachgruppen überhaupt gemessen werden kann, müssen alle, die in Südtirol leben, eine „Sprachgruppenzugehörigkeitserklärung" abgeben. Dazu ist auf einem bei Gericht hinterlegten Formular anzukreuzen, ob man der **deutschen** ❶, **italienischen** ❷ oder **ladinischen** ❸ Sprachgruppe angehört. Klingt einfach, war aber ein Politikum, das die 1980er prägte. Kritiker riefen damals zum Boykott dieses Systems „ethnischer Käfige" auf, weil es die Zäune in den Köpfen verstärke. Überhaupt: Wie soll jemand, der in zwei Kulturen gleichermaßen daheim ist – etwa Kinder mit einem deutsch- und einem italienischsprachigen Elternteil –, sich zu nur einer Sprachgruppe bekennen? Und warum sollen in Südtirol lebende Ausländerinnen und Ausländer, wenn sie nicht gerade aus dem deutschen Sprachraum kommen, lügen müssen, nur um ins Südtiroler System zu passen?

Doch wer sich weigert, bekommt keine öffentliche Stelle, keine Wohnbauförderung, kein Stipendium fürs Studium und darf bei Wahlen nicht kandidieren. Ein gebürtiger Slowene ging deswegen vor Gericht, bekam Recht und seitdem gibt es eine vierte Möglichkeit zum Ankreuzen: das Kästchen der „Anderen". Aber wer sich als „anders" erklärt, muss sich für die Berechnung des Proporzes dann doch einer der drei offiziellen Sprachgruppen „zuordnen". Eine typisch südtirolerische Regelung.

Fehlt noch der „Zweisprachigkeitsnachweis", vulgo *patentino*. Weil laut „Paket" alle Südtirolerinnen und Südtiroler das Recht haben, im Kontakt mit öffentlichen Stellen ihre Muttersprache zu verwenden, müssen die vielen Tausend, die dort arbeiten – Busfahrer wie Ärztinnen im Krankenhaus, Straßenkehrer wie Verwaltungsbeamte –, bei der Aufnahme in den öffentlichen Dienst nachweisen, dass sie zweisprachig sind, in den ladinischen Gemeinden sogar dreisprachig. Dafür gibt's dann auch eine Zulage zum Gehalt.

Für diesen Nachweis ist eine einmalige Prüfung in vier Schwierigkeitsgraden abzulegen: Akademiker die schwierigste, Hilfsarbeiter die leichteste. Die Ergebnisse sind nebenbei ein Gradmesser, wie es um die Mehrsprachigkeit steht. Im Schnitt bestehen rund 40 Prozent, erstaunlich viele scheitern bereits in der eigenen Sprache.

1 Montan

2 Klockerkarkopf (2912 m). Die erste bekannte Besteigung war am 10. Juli 1895. Dennoch behauptete Ettore Tolomei 1904, er sei der Erstbesteiger – und nahm sich das Recht heraus, dem Berg einen neuen Namen zu geben: Vetta d'Italia, aus dem er dann die italienischen Gebietsansprüche bis zu diesem Punkt ableitete. Seit 1919 verläuft hier tatsächlich die Grenze zwischen Österreich und Italien. Wegen seines Namens ist der Berg bei vielen in Südtirol historisch belastet. Ein Vorschlag der Grünen von 2011, ihn in Vetta d'Europa/Europagipfel umzubenennen, lief allerdings ins Leere.

3 Zwölferkofel (3094 m

4 Graun. In der kleinen Gemeinde am Reschenpass steht das wohl am häufigsten fotografierte Bildmotiv Südtirols: ein Kirchturm, der aus dem Wasser des Stausees rag Der romanische Turm aus dem 14. Jahrhundert ist der Rest des alten Dorfe Graun, das ab 1950 für e Wasserkraftwerk geflutet wurde. www.vinschgau.n

Absurdes Theater in zwei Sprachen

Alle amtlichen Ortsschilder sind in Südtirol zweisprachig, in ladinischen Gemeinden gar dreisprachig. Südtirol zelebriert seine ethnische Vielfalt wie kaum ein anderes Grenzgebiet. Die mehrsprachigen Tafeln scheinen zu rufen: Seht her, wie harmonisch hier alle zusammenleben.

In Wirklichkeit schwelt um die Ortsnamen ein chronischer Konflikt, wie er typisch ist für dieses Land. An seinem Anfang steht Ettore Tolomei, ein glühender Nationalist aus Rovereto und Ideologe des Faschismus. Für ihn war bereits lange vor dem Ersten Weltkrieg klar, Italien müsse bis zur Wasserscheide an Brenner und Reschen reichen. Und er sah seine Mission darin, für all die Orte, Berge, Flüsse in dem noch zu erobernden Gebiet italienische Namen vorzubereiten. Dazu ließ er sich 1905 in der deutschsprachigen Gemeinde **Montan** (1) nieder – nachdem er 1904 den **Klockerkarkopf** (2) bestiegen und in *Vetta d'Italia* (Gipfel Italiens) umbenannt hatte.

Tolomeis These: Vor den deutschen gab es im heutigen Südtirol römische Namen, da doch die Römer lange vor den Germanen hier gewesen seien. Tatsächlich setzte sich das germanische Sterzing erst im Mittelalter durch, bei den Römern hieß die Siedlung *Vibidenum*. So reichte fürs italienische *Vipiteno* eine kleine phonetische Anpassung. Ebenso bei *Appiano* (Eppan), das auf die römische Siedlung *Appianum* zurückgeht. Auch *Ortisei* für St. Ulrich in Gröden war naheliegend, im Rätoromanischen heißt der Ort *Urtijëi*.

Bei sehr vielen Namen aber ließ sich keine römische Wurzel nachweisen. Also hängte Tolomei einfach ein O an (*Terlano*), oft mit einer lautmalerischen Verschiebung (*Passirio* für Passer). Oder er machte sich ans Übersetzen, was bei Heiligennamen (*San Leonardo* für St. Leonhard) oder anderen sprechenden Namen (*Cima Dodici* für Zwölferkofel 3) noch einfach war. Aber einem Tschantschafron – selbst diesem mittelalterlichen Hof im Vinschgau wurde ein italienischer Name verpasst – war nur mit Fabulierlust (*Campo Caprone*) beizukommen.

Mit der Zeit brachte es Tolomei auf rund 8000 Toponyme. Unter normalen Umständen wären sie das Werk eines Spinners geblieben. Als aber das faschistische Regime 1923 die deutschen und ladinischen Bezeichnungen in Südtirol abschaffte, verordnete es Tolomeis Wortschöpfungen als einzig gültigen Ersatz. Nach diesem Willkürakt war es schon ein Erfolg, dass später das Autonomiestatut neben der Zweisprachigkeit auch die Zweinamigkeit vorschrieb.

Alles gut also? Wenn's so einfach wäre! Die deutschen Ortsnamen sind aufgrund ihrer Streichung anno 1923 nur „halbamtlich". Der Südtiroler Landtag müsste mit einem eigenen Gesetz erst wieder festlegen, dass etwa *Curon* im Deutschen Graun 4 bedeutet. Vor diesem formalen Akt aber drückte sich die deutschsprachige Politik jahrzehntelang, weil er im Umkehrschluss bedeutet, Tolomeis Liste anzuerkennen: undenkbar für Ultrapatrioten auf deutscher Seite. Sie werden nicht müde, mit Eingaben, Plakaten und Petitionen die Abschaffung von Tolomeis „faschistischem Unrecht" zu verlangen. Von den italienischen Ortsnamen sollten nur jene amtlich bleiben, die bereits vor 1919 in Gebrauch waren: *Bolzano, Merano, Salorno* und zwei Dutzend weitere. Für die italienische Seite im Land natürlich ein Affront. Denn viele von Tolomeis Ortsnamen sind längst in der italienischen Kultur verwurzelt. Sie abzuschaffen wäre erneutes Unrecht. Nebenbei hätte die Verpflichtung zur Zweisprachigkeit die absurde Konsequenz, dass für die meisten Orte andere italienische Namen erfunden werden müssten.

Der Streit hat sichtbare Folgen. Auf Wegweisern streichen Hitzköpfe der einen Seite schon mal den italienischen Namen durch. Sogleich macht sich die andere Seite ans Werk und übermalt den deutschen. 2012 wollte die Politik den gordischen Knoten endlich durchhauen und drückte einen Kompromiss durch: ein Landesgesetz, das für alle Ortschaften, Weiler, Flüsse, bekannten Berge usw. die Namen nach dem Prinzip der Zweisprachigkeit festschrieb – faktisch unter Anerkennung der tolomeischen Bezeichnungen. Aber für jene Berge, Bäche und Fluren, deren italienische Namen selbst Italienern nicht geläufig sind, sollten nur die deutschen gelten.

Von Sturschädeln – dieses Mal italienischen – alarmiert, schaltete sich die Regierung in Rom ein und verwies das Gesetz ans Verfassungsgericht, weil es die generelle Pflicht zur Zweisprachigkeit verletzte. Damit war der mühsam erreichte Kompromiss dahin.

Tolomei wurde 1952 mit einem Staatsbegräbnis in Montan beigesetzt – auf seinen Wunsch angeblich mit dem Gesicht nach Norden. Damit er sehen könne, wie der letzte Deutschsprachige über den Brenner fortzieht. Könnte er aus seinem Grab tatsächlich etwas sehen, wäre es ein in seinem Namen aufgeführtes absurdes Theater.

1 Salurn. Südtirol reicht im Süden „bis zur Salurner Klaus'", wie es in einer Zeile des Bozner Bergsteigerliedes heißt. Geschrieben in den 1920ern, ist es neben dem Andreas-Hofer-Lied die inoffizielle Landeshymne. Die Salurner Klause, eine von Felsen gebildete Engstelle im Etschtal, war damals allerdings nicht die Landesgrenze. Das faschistische Regime hatte sie ca. 20 km weiter nördlich bei Branzoll gezogen, weil die bei Salurn verlaufende Sprachgrenze nicht betont werden sollte. Erst 1948 kam das Gebiet zwischen Branzoll und Salurn vom Trentino zu Südtirol.

2 Eurac-Research. Das 1992 gegründete Fo schungszentrum in Bozen arbeitet unter anderem über alpine Notfallmedizi erneuerbare Energien un über lokale Autonomien, die als Modell für den Ko sovo, für Zypern und Tib dienen sollen. Der Hauptsitz befindet sich in einen Gebäude aus den 1930er gebaut im Stil des italienischen Rationalismus für die *Gioventù Italiana del Littorio* (GIL), die faschistische weibliche Jugend. www.eurac.edu

Diesseits und jenseits des Grabens

„Je klarer wir trennen, umso besser verstehen wir uns." Immer wieder zitiert, ist es der wohl berühmteste Satz der jüngeren Südtiroler Geschichte. Mit ihm postulierte 1980 der für deutsche Kultur zuständige Landespolitiker, wie das Zusammenleben von Deutsch- und Italienischsprachigen in Südtirol zu gestalten sei: getrennte Kindergärten, getrennte Schulen, getrennte Vereine, getrennte Bibliotheken, getrennte Medien. Und bitte keine „Mischehen".

40 Jahre später ist es (fast) normal, dass zwei sich über ethnische Barrieren hinweg finden. Deutsch- und Italienischsprachige arbeiten miteinander, reden miteinander (spontan meist auf Italienisch, auch weil der Südtiroler Dialekt für Italiener eine zweite Hürde ist). Und doch gibt es trotz mancher inzwischen eingetretener Normalität noch immer einen Graben.

Italienischsprachige fühlen sich eher im CAI daheim, dem italienischen Alpenverein, deutschsprachige eher im AVS, dem Alpenverein Südtirol. Wo es in größeren Gemeinden wie in Meran mehrere Sportvereine gibt, treten die einen eher dem SC Meran bei, die anderen dem AS Merano. Und bei den freiwilligen Feuerwehren und Musikkapellen sind italienische Mitglieder noch eher selten – von Schützenkompanien ganz zu schweigen. Anders nur im Unterland, wie das Etschtal bei Salurn (1) heißt. Es ist seit Jahrhunderten ein Grenzgebiet zwischen deutschem und italienischem Kulturraum und im Miteinander weit voraus. Allerdings auch hier eher auf dem linken Ufer der

Etsch, während in den bekannten Wein-Gemeinden rechts der Etsch die Deutschsprachigen unter sich bleiben.

Der Graben ist auch systembedingt. Das Autonomiestatut verlangt, dass ein Teil des Landesbudgets nach der Größe der Sprachgruppen verteilt wird. So auch das Geld für Kultur, mit der Folge, dass die Landesverwaltung und auch die größeren Gemeinden sich nach Sprachgruppen getrennte Kulturressorts leisten, jedes mit eigenem Apparat und eigenen Programmen. In Bozen existieren getrennt voneinander eine deutsche Landesbibliothek, eine italienische Landesbibliothek und eine weitgehend italienische Stadtbibliothek. Es dauerte bis in die 2000er-Jahre, ehe die Planung für ein gemeinsames Bibliothekenzentrum anlief – „als Symbol für das Ende der jahrzehntelangen Politik der Trennung", wie das Land Südtirol freimütig bekannte. Gebaut ist es immer noch nicht.

In den 1990ern ließ die regierende Südtiroler Volkspartei (SVP) zwar eine Universität zu – ein Tabubruch, widersprach eine notgedrungen mehrsprachige Uni doch dem bis dahin gepredigten „Je klarer wir trennen …". Auch ein mehrsprachiges Forschungsinstitut 2 durfte es geben. Auf den Bildungsebenen darunter aber läuft vieles auf getrennten Wegen. Nicht auf dem Land, wo vielerorts zu wenige Italiener für eine eigene Schule wohnen. Im gesamten Vinschgau von Meran bis zum Reschen zum Beispiel gibt es keine einzige mehr, sodass die wenigen italienischen Kinder sich im weitgehend deutschen Umfeld assimilieren. Doch in den Ballungsräumen von Bozen, Meran, Brixen und Bruneck mit ihrem höheren Italiener-Anteil ist der Separatismus nicht zu übersehen. Hier hat jede der beiden großen Sprachgruppen eigene Kindergärten, eigene Grund- und Mittelschulen, eigene Oberschulen – jeweils mit eigenen Verwaltungsstrukturen, eigenen Lehrplänen und pädagogischen Konzepten. Selbst die Musikschulen und die Fachschulen für das Hotel- und Gastgewerbe sind nach Sprachgruppen getrennt.

Nur der kleinen Gruppe der Ladiner erlaubt das Autonomiestatut in ihren Tälern eine mehrsprachige Schule. Ein Teil der Hauptfächer wird auf Deutsch unterrichtet, ein anderer auf Italienisch, zudem gibt es einige Stunden Ladinisch. Eine mehrsprachige Schule hätten viele auch im übrigen Südtirol gern. Denn was wir von der jeweils anderen Sprache und Kultur in der Schule lernen, ist erstaunlich bescheiden für ein zweisprachiges Land. Wirklich fit in beiden Sprachen sind nur Kinder, die mit einem deutschen und einem italienischen Elternteil aufwachsen.

Aber: Die mehrsprachige Schule ist für die seit 1945 durchgehend regierende SVP und erst recht fürs deutschpatriotische Lager ein rotes Tuch. Sofort kommt der Verweis auf Artikel 19 im Autonomiestatut. Er bestimmt, dass in Kindergärten und Schulen der Unterricht „in der Muttersprache der Schüler, das heißt in italienischer oder deutscher Sprache" zu erteilen sei. Und zwar von Lehrkräften, „für welche die betreffende Sprache ebenfalls Muttersprache ist". Es ist der Geist von vor 50 Jahren, als die Politik noch glaubte, Südtirol vor einer „Verelsässerung" bewahren zu müssen, einer Entwicklung wie im Elsass, wo das Standarddeutsch weitgehend verschwunden ist.

Viele Eltern sind schon weiter und schreiben ihre Kinder einfach jenseits der ethnischen Gräben ein: italienische Kinder in deutsche Kindergärten und Schulen, deutsche in italienische. In einzelnen Klassen sind – auch wegen der Migration – die Kinder mit einer anderen Muttersprache inzwischen in der Mehrheit.

1 Finailhof im Schnalstal. Mit 1970 m über Meer ist er unter den ganzjährig bewohnten Bauernhöfen einer der höchstgelegenen in Südtirol. Da die Talstraße bereits auf 1800 m verläuft, ist die Zufahrt zum Hof vergleichsweise kurz. Andere Hofzufahrten sind bedeutend länger und entsprechend teurer.

2 Therme Meran. Das Bad mit 25 Innen- und Außenbecken in einem Park hat sich das Land Südtirol (Eigentümer zu 99 %) im Jahr 2005 über 120 Millionen Euro kosten lassen. Dazu kamen 40 Millionen für ein inzwischen unter den Investitionskosten verkauftes Hotel. Das Bad ist ganzjährig geöffnet. Der Name täuscht allerdings. Eine sechs Millionen Euro teure Bohrung nach Thermalwasser brachte nur ein Rinnsal zutage. Das Wasser in den Becken wird mit Erdgas auf Badetemperatur gebracht.
www.termemerano.it

Arme Brüder, reiches Land

Die armen Südtiroler! So arm, dass von den späten 1950ern an nicht nur Österreicherinnen und Österreicher für sie spendeten, sondern auch etliche Vereine in Deutschland. In München taten sich zwei besonders hervor. Das rechtslastige Kulturwerk für Südtirol entstand 1956, nicht zufällig in der Stimmung der ersten Attentate in Südtirol. Das Kulturwerk wollte den „Brüdern in Not" im Kampf gegen italienische Unterdrückung beistehen, schickte tonnenweise Bücher und allein in den ersten zehn Jahren fast vier Millionen D-Mark: für den Bau eines Schülerheims, für Kindergärten, für Kulturarbeit.

Aus einer Abspaltung des Kulturwerks ging 1963 die politisch gemäßigtere „Stille Hilfe für Südtirol" hervor. Sie brachte es über die Jahre auf 30.000 Förderer in der gesamten Bundesrepublik und sammelte rund 60 Millionen Mark an Spenden ein. War eine Bergbauernfamilie in Not, brauchte es irgendwo ein Rettungsauto, einen Kindergarten, ein Vereinshaus – vielfach genügte ein Bittbrief nach München und die Hilfe kam.

In den 1960ern war Südtirol tatsächlich arm (wie viele andere Regionen). Die ersten geburtenstarken Jahrgänge der Nachkriegszeit drängten auf den Arbeitsmarkt. Gleichzeitig setzte die Landwirtschaft mit dem Einzug der Maschinen viele Arbeitskräfte frei. Der Tourismus lief erst langsam an, Handwerk und Baugewerbe hatten noch wenig zu tun. Die in der Zeit des Faschismus entstandene Schwerindustrie bei Bozen kriselte, die Jobs im öffentlichen Dienst gingen in der Regel noch an Italiener. Also zogen in manchen Jahren bis zu 10.000 Südtirolerinnen und Südtiroler als Gastarbeiter ins Ausland, viele auf Dauer. Ab Mitte der 1960er versuchte die Landesregierung, kleine und mittlere Industrieunternehmen auch in den Landbezirken Südtirols anzusiedeln – mit einigem Erfolg.

Nur 20 Jahre später zeigte ein lokales Wochenmagazin auf seinem Cover einen zum Platzen satten Südtiroler, dazu den Titel: Warum geht's uns so gut? Im Tourismus folgte jetzt ein Rekordjahr aufs andere, es wurde gebaut auf Teufel komm raus, Obst- und Weinbau florierten, in den Tälern blühte eine Kleinindustrie auf. In der Rangliste der reichsten Regionen Europas stand Südtirol plötzlich weit oben. (Dass die Stille Hilfe mit dem Mythos des armen Bergbauernvolks weiterhin Spenden sammelte, und zwar bis zu ihrem unrühmlichen Ende 1995, und wir Südtiroler sie schamlos annahmen, wäre eine andere Geschichte.)

Der überaus günstige Verlauf der Weltwirtschaft, die schöne Landschaft, die Tüchtigkeit der Bewohner – das allein könnte den fulminanten Wandel vom Armenhaus zum Musterland nicht erklären. Es brauchte auch einen freigiebigen Staat. Einen, der einsah, dass Wohlstand besser für Ruhe sorgt als Unterdrückung.

Mit dem Autonomiestatut von 1972 sicherte sich Südtirol auch das Geld, seine Selbstverwaltung zu finanzieren. Anfangs wurde es nach einem komplizierten Schlüssel Jahr für Jahr mit Rom ausgehandelt. Allein bis 1979 stieg der Betrag von 42 auf 650 Milliarden Lire. Mit der sogenannten Finanzautonomie, die dann 2009 kam, entfiel sogar das Verhandeln. Seitdem bleiben automatisch 90 Prozent der in Südtirol bezahlten Steuern im

Land. Nur der Rest fließt nach Rom. Allerdings muss sich Südtirol seit 2014 mit jährlich fast einer halben Milliarde Euro am Abbau der Staatsschulden beteiligen. Dennoch stieg der Jahreshaushalt Südtirols bis zur Pandemie auf 6,5 Milliarden Euro. Das wären, zum Vergleich, 13.000 Milliarden Lire.

Mit dem vielen Geld konnte Südtirol Straßen bis zu sehr hoch gelegenen **Höfen** **1** anlegen, Schulen und Kindergärten in Topausstattung bauen, Beiträge für fast alles und jeden vergeben, sich manchen **Luxus** **2** leisten und eine Landesverwaltung einrichten, die sich aufblähte wie Hefeteig. Armenhaus: eine längst verblasste Erinnerung. Arbeitslosigkeit bis zum Ausbruch der Pandemie: quasi null.

Erst seit ca. 2008 – das Stichjahr variiert je nach Rechenmethode – ist Südtirol in Italien ein Nettozahler. Davor hat es mindestens 30 Jahre lang mehr aus dem Budget des Gesamtstaats herausbekommen als an Steuern eingezahlt und so zu seinem Schuldenberg beigetragen. Aber Südtirol wäre nicht Südtirol, gäbe es jetzt nicht auch diese Stimmen: Warum in diesen maroden Staat einzahlen? Warum kein Freistaat, wo wir doch jetzt wirtschaftlich recht gut allein zurechtkämen?

1 Kurzras. Die Schnalstaler Gletscherbahnen AG und ihr Skigebiet gehören inzwischen dem Medienhaus Athesia, das unter anderem die einflussreiche Tageszeitung „Dolomiten" herausgibt. Der Sommerbetrieb des Skigebiets auf dem Gletscher ist seit 2012 wegen des Klimawandels eingestellt. 2020 stellte die Gletscherbahnen AG ein Projekt für ein neues „Almdorf" in Kurzras mit 700 weiteren Betten vor. www.schnalstal.com

2 Touriseum. Das Landesmuseum für Tourismu
in Schloss Trauttmansdor
bei Meran erzählt 200 Jahre Tourismusgeschicht
vom ersten zaghaften Beginn des Fremdenverkeh
bis zu seinen massiven Auswirkungen in der Gegenwart. Schloss Trauttmansdorff war zweimal d
Ferienresidenz von Kaise
Elisabeth. www.touriseun

Wie in der Piefke-Saga

Schneid, Tatendrang, Größenwahn. Dafür und für die Goldgräberstimmung, die in den 1970ern über Südtirol hereinbrach, war Leo Gurschler eine Symbolfigur. In Kurzras zuhinterst im Schnalstal aufgewachsen, wollte er sich nicht mit dem kleinen Bauernhof samt Gaststube zufriedengeben, den seine Eltern betrieben. Wo er doch sah, wie man draußen aus dem Vollen schöpfte. Die Brennerautobahn war in Bau, jedes Jahr kamen mehr und mehr Touristinnen und Touristen. Und erst das Skifahren! Die Olympischen Spiele 1964 in Innsbruck und die Alpine Ski-WM 1970 in Gröden hatten den Sport so richtig populär gemacht. In den Dolomiten liefen bereits 250 Ski- und Sessellifte.

Skibetrieb auf dem Gletscher das ganze Jahr über – das sei der Hit, dachte Gurschler. 1972 begann er mit dem Bau einer großen Seilbahn von **Kurzras** (1) auf den Hochjochferner, mit weiteren Liften oben auf dem Gletscher. Da war er erst 25, ohne Eigenkapital, oft kurz vor dem Scheitern. Aber 1975 lief die Bahn. Leo, der Sunnyboy, war nun mit eigenem Hubschrauber unterwegs und bereit für den nächsten Level.

In Kurzras sollte nach und nach ein Dorf aus Ferienhäuschen entstehen, mit 1000 Betten zur Auslastung der Bahn. Die Landespolitik befürchtete Zersiedelung, verlangte – wenn schon – die Konzentration auf drei kompakte Blocks nach dem Vorbild des gerade hippen Avoriaz in den französischen Alpen. Eine fatale Auflage. Statt peu à peu war alles in einem Mal zu finanzieren, mit Krediten. Bereits der erste Block kostete dreimal so viel wie geplant, die Ausgaben für Zinsen schossen schneller in die Höhe als die Gondel der neuen Seilbahn. 1982 der Konkurs. Als dieser auch noch sein Elternhaus mitriss, nahm Gurschler sich das Leben.

Dabei hatte er, bis auf diesen letzten Schritt, nur getan, was in diesen Jahren viele taten: zocken in einem Spiel, in dem es anscheinend nur Gewinner gab. Ab etwa 1970 wertete Italien seine Lira gegenüber der D-Mark immer wieder ab: 170, 250, 350 … 1980 gab es für eine Mark bereits 500 Lire. Die Folge: Für Ausländer blieb Italien billig, für Italiener wurde das Ausland zu teuer. Südtirol profitierte von beiden Seiten, die Übernachtungszahlen stiegen und stiegen.

Zugleich setzte eine Inflation von zeitweise 25 Prozent ein, zunächst höher als die Kreditzinsen. Mit dem verführerischen Effekt, dass die Geldentwertung die Schulden ausdünnte. „Wer jetzt nicht Kredite aufnimmt und baut, dem ist nicht zu helfen", lautete die Devise. Und es wurde gebaut. Bauernhäuser mutierten zu Frühstückspensionen, Frühstückspensionen zu großen Hotels. Gestern noch Landwirt, heute Hotelier. Nie zuvor veränderte sich die Südtiroler Gesellschaft so rasant wie in den wilden Siebzigern. Die „Piefke-Saga", die Tourismussatire des Nordtiroler Autors Felix Mitterer, hätte auch in Südtirol spielen können.

Dann ein Crash. 1979 verkündete die Landesregierung, es dürfe keine weiteren Straßen geben, keine weiteren Skipisten und vor allem keine weiteren Betten. In der viel zu langen Phase zwischen Ankündigung und effektivem Stopp wurden in Torschlusspanik noch rasch weitere Hotelbauprojekte gestartet. Die Zahl der Betten in Hotels und Pensionen schnellte bis 1982 noch einmal von 128.000 auf über 150.000, natürlich wieder auf Pump.

Doch nun verknappte die Nationalbank das Geld, die Inflation sank, die Kreditzinsen stiegen. In der anrollenden Pleitewelle übernahm das Land Südtirol für rund hundert „unverschuldet verschuldete" Hotelbetriebe die Zinszahlungen, für viele andere war der Konkurs nicht zu verhindern. Die Steuergelder für die „unverschuldet Verschuldeten" befeuerten die Kritik an den Auswüchsen des Tourismus.

Um wie viel sanfter hatte der Tourismus sich ein Jahrhundert davor entwickelt. Von der ersten Reise der Kaiserin Elisabeth (2) nach Meran im Jahr 1870 bis zur ersten großen Zeit als Kurstadt vergingen 30 Jahre. Auch danach blieb die Masse der Gäste überschaubar. Erst das in den 1950ern einsetzende Wirtschaftswunder, der Autoboom und längere Urlaubszeiten lösten dann jene Welle aus, die in den Siebzigern alles überrollte.

Die 1979 verordnete Pause hielt nicht lange. Mit dem Argument einer notwendigen „qualitativen Erweiterung" wurde ab 1990 wieder massiv in größere Zimmer, größere Speisesäle, üppigere Wellness-Bereiche investiert. Und damit sich das auch rechnet, mussten noch größere Hotels mit noch mehr Betten her, finanziert wieder mit hohen Krediten. Bereits vor Ausbruch der Pandemie war das Südtiroler Hotelgewerbe mit 3,3 Milliarden Euro verschuldet.

Wann ist genug? In der Covid-19-Krise rang sich auch die Landesregierung zur Erkenntnis durch, noch mehr Tourismus sei dem Land nicht zumutbar. Die Zahl der Betten werde auf dem bisherigen Höchststand des Jahres 2019 eingefroren – bei nunmehr 228.000. Aber 10.000 weitere, für die bereits eine Genehmigung in Aussicht gestellt war, dürfen „selbstverständlich" noch hinzukommen.

1 Grufrut Group in Branzoll ist mit über 70.000 Tonnen Äpfeln pro Jahr die derzeit größte der noch 18 Obstgenossenschaften in Südtirol. Sie entstand 2017 aus der Fusion dreier kleinerer Genossenschaften und hat über 600 Mitglieder.

2 Südtiroler Obstbaumuseum. Die Ausstellung in einem alten Ansitz in Niederlana präsentiert den Südtiroler Apfelanbau als eine lange Erfolgsgeschichte, beginnend bei der Trockenlegung der Sümpfe im Etschtal im 19. Jahrhundert. Die industrieartige Intensivproduktion und der Chemieeinsatz werden nur gestreift.
www.obstbaumuseum.it

3 Mals. Der Hauptort liegt auf ca. 1000 m über Meer und derzeit an der Grenze des professionell Apfelanbaus. Klimawande und neue Züchtungen schieben diese Grenze se Jahrzehnten nach oben. Daher könnten künftig auch Teile der Malser Haide mit Apfelbäumen bepflanzt werden, was be einem Chemieverbot abe nicht lukrativ wäre. Die Malser Haide reicht von Glurns (900 m) bis zum H dersee (1450 m) auf dem Plateau des Reschenpass und gilt als der größte Schwemmkegel der Alpe

Marienkäfer, flieg

Im „Giftkammerle“ verwahrte der Vater die Spritzmittel für die Apfelbäume. Wir Kinder wurden ermahnt, nur ja nie hineinzugehen – was dazu reizte, es doch zu tun. Es stank ätzend, auf den Schachteln und Flaschen standen Namen wie Systox, E 605, Bladan. Der Unterton, mit dem die Erwachsenen sie aussprachen, ließ uns frösteln. Mehr noch als der aufgedruckte Totenkopf.

Die ab den 1950ern von Bayer und Co. gelieferten synthetischen „Pflanzenschutzmittel“ kamen scheinbar zur rechten Zeit. Ende der Fünfziger produzierte Südtirol mit 200.000 Tonnen bereits neunmal so viele Äpfel wie 1910. Und die ganz große Schwemme sollte erst noch kommen. Rund eine Million Tonnen jährlich sind es inzwischen.

1960 experimentierten erste Genossenschaften (1) (fast jeder Südtiroler Apfelbauer ist ein Genosse) mit CA-Zellen. In „controlled atmosphere“ – kalt, feucht, wenig Sauerstoff, viel Kohlendioxid – bleiben Äpfel bis weit ins nächste Jahr wie frisch vom Baum. Damit musste nicht mehr die ganze Ernte umgehend auf den Markt geworfen werden. Die Preise stiegen, was die Genossenschaften zum Aufbau enormer Lagerkapazitäten ermutigte – auch mit Beiträgen der jungen EWG. Was noch mehr Bauern überzeugte, auf den Apfel (2) umzusteigen. Fast zeitgleich brachte die Züchtung Unterlagen wie die M9 hervor: Wurzelstock und Stammansatz für einen Turbobaum, wie er heute in fast allen Obstanlagen steht. Klein im Wuchs und an Pfähle oder Drähte gebunden, weil er von allein nicht stehen kann, trägt er bereits vom dritten Jahr an regelmäßig und sehr viel.

Die Schachteln und Dosen in Vaters Giftkammer versprachen Ruhe an einer wichtigen Front. Einmal spritzen, und aus war es eine Weile für Läuse, Maden und Würmer. Eine trügerische Ruhe, befand ein Grüppchen von Bauern bereits 1957 und gründete einen alternativen Beratungsring. Der empfahl, im Kampf gegen Schädlinge auf die Nützlinge nicht zu vergessen. Nützlinge? Wer so dachte, galt erst mal als Spinner.

Aber da war zum Beispiel die Rote Spinne. Diese winzige Milbenart greift frische Blattspitzen an und vermehrt sich extrem schnell. Es sei denn, ihre natürlichen Feinde sind da: Marienkäfer, Florfliegen, Raubwanzen. Marienkäfer bringen es auf nur zwei Generationen im Jahr, weshalb sie sich nur langsam von der großen chemischen Keule erholen. Die Rote Spinne hingegen kommt auf bis zu neun Generationen, weshalb sie nach einem Spritzgang mit einem der Allestöter viel eher wieder da ist und sich rasch verbreiten kann, da Marienkäfer und Co. erst einmal fehlen. Das schreit nach der nächsten Dosis.

Es dauerte bis 1972, ehe das Land Südtirol den Beratungsring anerkannte und ihn mit Beiträgen unterstützte. Und es brauchte eine neue Generation von Bauern, die sich auf dessen „integrierten" Pflanzenschutz einließ: Chemie gegen Schädlinge nur dann, wenn es Nützlinge allein nicht mehr schaffen.

Dann vergingen noch einmal etliche Jahre bis zu Agrios, einem Belohnsystem für integrierte Produktion. Wer sich an die Richtlinien von Agrios hält, profitiert von einem eigenen Verkaufsprogramm, das die Äpfel mit einem Marienkäfer im Logo vermarktet. Laut seinen Richtlinien sollten die ärgsten Gifte tabu sein; Chemierückstände auf den Früchten dürften maximal 50 Prozent der gesetzlichen Grenzwerte erreichen; die Bauern müssten an Beratungsprogrammen teilnehmen und über jeden Chemieeinsatz Buch fuhren; Sprühgeräte müssten so konstruiert sein, dass es möglichst zu keiner Abdrift der Spritzbrühe kommt, und, und, und.

Also alles im grünen Bereich? Nicht ganz. Mit rund 20 Spritzgängen pro Saison ist der Chemieeinsatz weiterhin sehr hoch. Auch empfiehlt Agrios, etwa auf Herbizide zu verzichten – um gleich darauf eine Hintertür weit aufzustoßen. Werden doch Herbizide eingesetzt, sollten die bespritzten Streifen nicht breiter als 70 Zentimeter sein. Bei größeren Abständen der Baumreihen darf's auch etwas mehr sein. Und so ätzt in jedem Frühjahr oder Spätherbst das massenhaft eingesetzte Glyphosat breite orange Streifen in die Landschaft. Dennoch nimmt die Obstwirtschaft Agrios als Beweis, dass jetzt alles für eine naturnahe Produktion getan werde.

Südtirol ist inzwischen das größte zusammenhängende Apfelanbaugebiet Europas. Mit den Äpfeln selbst, den Hagelschutznetzen, die sich über Tausende Hektar spannen, den vielen Millionen Betonsäulen für die Baumreihen, den Tonnen von Spritzmitteln, den ständigen Neupflanzungen, weil eine Apfelsorte plötzlich keinen Markt mehr hat, den Tausenden Erntehelfern usw. ergibt das einen Milliarden-Umsatz. Und so reagierte die Obstwirtschaft allergisch, als 2014 eine Umweltschutzgruppe in der Gemeinde **Mals** (3) ein Referendum organisierte. Das Ziel: ein Verbot von chemisch-synthetischen Pflanzenschutzmitteln, damit Mals zu einer Bio-Region werden könne. 75 Prozent stimmten für das Chemieverbot, die Obstwirtschaft ging mit Gerichtsverfahren dagegen vor. Nach dem Motto: Wehret den Anfängen!

1 **Vintschger Museum**, Schluderns. Das Museum zeigt unter anderem eine Ausstellung über die Schwabenkinder aus dem Vinschgau. www.vintschgermuseum.com

2 **Laas** liegt an einer Geländestufe im Etschtal und markiert die Grenze zwischen dem Oberland und dem unteren Vinschgau. Bekannter als dafür ist Laas für seinen weißen Marmor. Er wird unter anderem für Skulpturen (z. B. für das Schiller-Denkmal in Weimar) und für Bodenplatten verwendet. Der heute ergiebigste Laaser Marmorbruch liegt auf ca. 2200 m. Ein Teil davon ist bei geführten Touren zu besichtigten. www2.marmorplus.it

3 **Stilfs** ist das markanteste der Vinschgauer Haufendörfer. Die in den extrem steilen Hang gebauten Häuser sind an manchen Stellen so ineinander verschachtelt, dass sie nur zu Fuß zu erreichen sind. Sie wurden früher als in anderen Südtiroler Dörfern aus Stein gebaut, nachdem große Brände im 18. Jahrhundert die früheren Holzhäuser zerstört hatten.

Heilige Kühe im Grünen

Zwei Drittel aller Bauernhöfe in Südtirol sind geschlossen. Die Bauern haben sich nicht etwa davongemacht. Ein geschlossener Hof ist vielmehr ein juristischer Sonderfall. Es gibt ihn auch anderswo im deutschen Kulturraum. Doch in Südtirol hat er so seine Eigenheiten.

Der geschlossene Hof geht auf das Anerbenrecht zurück, das die Bajuwaren mitgebracht haben dürften. Es will bäuerliches Eigentum zusammenhalten, damit eine Familie davon auch leben kann. Daher wird das Erbe nicht aufgeteilt, sondern einer allein *takes it all* (wobei sich oft erst zeigen muss, ob er wirklich der *winner* ist). Wer dieser eine ist, hat sich über die Jahrhunderte öfter geändert. Noch im Mittelalter ließ man das Los bestimmen, ab ca. 1500 war es meist der jüngste Sohn, um 1780 bestimmte der Kaiser, dass es der älteste sein sollte.

Dieses Anerbenrecht setzte sich in vielen Teilen Tirols durch, nicht aber in seinen westlichen Bezirken wie dem Vinschgau oder dem Oberinntal. Dort war die Realteilung zur Tradition geworden: Alle Kinder erben ein annähernd gleich großes Stück. Warum sich im Westen Tirols die Realteilung durchsetzte und im Osten das Anerbenrecht, kann die Forschung nicht genau erklären. Vielleicht, weil der Westen nach den Römern eine Weile unter dem Einfluss der Langobarden stand, denen das Anerbenrecht fremd war.

Die Realteilung mag auf den ersten Blick gerechter erscheinen. Aber teilt jede Generation weiter, sind die

Parzellen irgendwann so klein, dass es kaum noch für eine Kuh reicht. Das erklärt soziale Grausamkeiten wie das Schicksal der Schwabenkinder 1. Weil es im Vinschgau auf den winzigen Höfen nicht für alle reichte, schickten Bauern des Oberlandes 2 bis ca. 1900 ihren überzähligen, acht- bis 14-jährigen Nachwuchs im Frühjahr ins Schwäbische, wo sie auf regelrechten Kindermärkten – etwa in Ravensburg – darauf warteten, dass jemand sie bis zum Herbst als billige Arbeitskraft aufnahm. Folgen der Realteilung sind im Vinschgau an vielen Stellen zu erkennen: in Wiesen, in denen kurze Holzpfähle oder Steine winzige Parzellen markieren, etwa entlang der Straße von Gomagoi nach Stilfs. Oder an verschachtelten Haufendörfern wie eben Stilfs 3, wo ein Haus oft viele Eigentümer hat.

Dagegen hat der geschlossene Hof meist frei im Grünen stehende Bauernhäuser, produziert aber ein Heer von „weichenden Erben". Sie bekommen eine Abfindung, meist gerade so viel, dass sie den Bestand nicht gefährdet – und können dann schauen, wo sie bleiben. Bis weit ins 20. Jahrhundert blieben viele mangels Alternativen daheim – als Magd oder Knecht unter dem alleinerbenden Bruder. Oder sie schlugen sich als Hausmädchen oder Tagelöhner durch. Mit dem Wirtschaftswunder ab den 1950ern aber durfte unsereins in einen der vielen Berufe, die sich im neuen Wohlstand ergaben, oder gar hinaus in die Welt – während der ältere Bruder daheim den Karren weiterzuziehen hatte.

Dem faschistischen Regime war das germanische Erbrecht fremd. Ein neues Zivilrecht schaffte 1929 den geschlossenen Hof ab. Erst 1954 durfte Südtirol ihn wieder mit einem Landesgesetz einführen. Seitdem ist der geschlossene Hof eine heilige Kuh, umhegt von immer neuen schützenden Gesetzen. Eines davon hat – erst 2001! – die archaische Regel beseitigt, dass „bei gleicher Eignung“ immer ein Sohn den Hof zu bekommen habe und nie eine Tochter (Gott bewahre!).

Einen Hof zu schließen ist kein Zwang und kann auch Nachteile bringen. Etwa wenn ein Grundstück verkauft werden soll oder muss. Dafür braucht es das Ja einer speziellen Höfekommission, die es in jeder Gemeinde gibt. Das Schließen setzt sogar ein Mindestmaß an Fläche voraus, im Normalfall sechs Hektar in der Viehwirtschaft oder drei im Obst- und Weinbau. Warum sind dann aber von den rund 20.000 Bauernhöfen in Südtirol fast 14.000 geschlossen, bei einem deutlichen Anstieg gerade in letzter Zeit?

Außerhalb der Ortskerne, im sogenannten landwirtschaftlichen Grün, gilt eigentlich ein Bauverbot, damit die Zersiedelung, die mit dem Tourismusboom einsetzte, nicht zu arg wird. Für die Eigentümer von geschlossenen Höfen gibt es aber Schlupflöcher, die mit der Zeit so groß wurden wie Scheunentore. Sie durften das Wohnhaus vom Ortskern hinaus ins Grüne verlegen. Es gab eine Extrakubatur für den „Urlaub auf dem Bauernhof“. Und sogar das war möglich: Man schenkte oder vererbte seinen Kindern je zwei Hektar einer Obst- oder Weinbaufläche, die noch nicht geschlossen war; sie deklarierten sich als Jungbauer oder Jungbäuerin, ließen ihre Grundstücke „schließen“ –und durften sich ein stattliches Wohnhaus (eine Villa, lästert der Volksmund) ins Grüne stellen.

2020 trat ein neues Gesetz in Kraft – mit dem erklärten Ziel, nun aber wirklich die Zersiedelung Südtirols zu stoppen. Den Eigentümern eines geschlossenen Hofs aber räumt es das Recht ein, am Wohnhaus 1500 Kubikmeter anzubauen. Auch im Grünen.

1 Prettau. Das erst 1983 endgültig aufgegebene Kupferbergwerk ist heute, wie Schneeberg, ein Teil des Südtiroler Bergbaumuseums. Ein Stollen wird zur Therapie von Atemwegserkrankungen genutzt. www.bergbaumuseum.it

2 Schneeberg. In der Knappensiedlung auf über 2300 m wohnten von ca. 1500 an zeitweise 1000 Bergleute. Es gab eine Kirche, Gasthäuser und sogar ein Theater. Das geschürfte silberhaltige Bleierz wurde unter großem Aufwand ins Tal nach Ridnaun und jahrhundertelang weiter über den Brenner ins Inntal zur Schmelze gebracht. Die Siedlung wurde erst 1967 aufgegeben, Teile stehen noch und sind zu Fuß zu erreichen. Das Bergwerk selbst war bis 1985 in Betrieb. Einige Stollen sind von Ridnaun aus zu besichtigen. www.bergbaumuseum.it

3 BBT-Infopoint. Der Brennerbasistunnel war in Südtirol von Anfang an umstritten. Daher hat das Land Südtirol in einem Tei der Franzensfeste (über die Festung selbst siehe S. 48 ff.) eine interaktive Ausstellung über das Jahrhundertprojekt, über technische Details und de Baufortschritt eingerichtet www.bbtinfo.eu

Über den Brenner

In sich gekehrt hinter den sieben Bergen, zugleich aber eines der wichtigsten Transitländer der Alpen mit ständigem Verkehr von Waren und Durchreisenden: Mit diesen Gegensätzen lebte Tirol von Anfang an.

Bereits im Mittelalter bildete sich ein Transportsystem heraus, das der Bevölkerung entlang der Handelsroute ein zusätzliches Einkommen brachte. Wer Waren durch Tirol schickte, war per Erlass des Landesfürsten gezwungen, sie über Nacht in Lagerhäusern entlang der Strecke zu deponieren. Am Morgen luden Fuhrleute, meist Bauern aus der Umgebung, sie auf ihre Karren mit vorgespannten Ochsen oder Pferden und brachten sie bis zum nächsten Lagerhaus. Natürlich alles gegen Bezahlung. Die sogenannte Rodordnung regelte, wann die einzelnen Fuhrleute an der Reihe waren, und stellte sicher, dass immer genügend Zugtiere und Karren bereitstanden. Südlich von Bozen, ab der Mündung des Eisack, führte die Etsch genügend Wasser für die Schifffahrt. Ab hier wurden Kisten und Fässer mit Waren auf Flöße und Boote verladen – so wie auf dem Inn ab Innsbruck. Dennoch dauerte ein Transport zum Beispiel von Augsburg nach Venedig viele Wochen. Denn flussaufwärts mussten die Boote von Treidelpferden am Ufer gezogen werden.

Um 1500 passierten jährlich immerhin 6500 Fuhrwerke mit 5000 Tonnen Waren den Brenner: Wein aus dem Überetsch bei Bozen, Kupfer- und Silbererze aus den Bergwerken in **Prettau** **1** und am **Schneeberg** **2**. Die Bergwerke, unter anderem von der Augsburger Familie der Fugger betrieben, sowie Bozen als Handels- und Messestadt erlebten in dieser Zeit einen Aufschwung. Auch führte ab 1507 eine ständige Reiterpost von Innsbruck über den Brenner nach Bozen und weiter nach Mantua – ein Abschnitt der Linie Brüssel–Rom, die die lombardische Familie der Tasso, später Taxis, betrieb.

Dann dauerte es bis 1765, ehe die nunmehr verstaatlichte Postverwaltung ausreichend Kutschen einsetzte, die auch Reisende beförderten. Über den Brenner kam die „ordinari" anfangs nur auf ein Durchschnittstempo von fünf Stundenkilometern – wegen der schlechten Straßen und der daher häufigen Pferdewechsel in den Poststationen. 13 gab es zwischen Innsbruck und Trient, alle mit Taverne zur Verpflegung und Unterkunft der Fahrgäste. Auf seiner Italienischen Reise brauchte Goethe im eigenen Wagen von Karlsbad nach Verona samt Pausen zwölf Tage, obwohl vom Brenner abwärts „die Postillione fuhren, dass einem oft Hören und Sehen verging". Erst die von Maria Theresia erlassenen Normen über Fahrbahnbreite, Schotterbelag und Wasserrinnen verbesserten die Straßen, und deutlich mehr Wegmacher aus der lokalen Bevölkerung waren nun im Einsatz. Dafür kam man, wie Reisende schimpften, „alle Augenblicke" an eine Mautstelle, wo Straßen- und Brückengeld zu bezahlen waren. Zwischen Innsbruck und Bozen waren es acht.

Das alte Fuhrgewerbe entlang der Transitstrecke verschwand, als 1867 die Bahnlinie über den Brenner in Betrieb ging. Mit 20.000 Bauarbeitern aus Norditalien und vom Balkan hatte der Bau zwischen Innsbruck und Bozen nur dreieinhalb Jahre gedauert. Ab 1934 war die gesamte Strecke elektrifiziert. Doch am Brennerpass, seit 1919 Grenzbahnhof, mussten wegen der unterschiedlichen Stromarten in Österreich und Italien zeitaufwendig die

Lokomotiven gewechselt werden. Erst seit 1993 sind Loks im Einsatz, die unter beiden Stromnetzen fahren können. Aber da lag die Eisenbahn schon weit zurück.

1952 kamen erstmals mehr Reisende im Auto über den Brenner als im Zug, und der Bau der Autobahn hatte noch gar nicht begonnen. Ihre ersten Pläne bereiteten in Südtirol zunächst Sorge. Werden überhaupt noch Touristen kommen? Oder werden all die Deutschen auf einer Autobahn durchrauschen bis *Bella Italia?* Dann kämpfte der Westen Südtirols mit Meran als Hauptakteur dafür, dass die Autobahn, wenn schon, durch einen Tunnel unter dem Jaufenpass ins Passeiertal geführt werde und möglichst nahe an Meran vorbei – mit einer großen Ausfahrt ins Zentrum der Kurstadt.

Zum Glück für Meran machte das Eisacktal das Rennen. 1974 ging auch das letzte Teilstück zwischen Klausen und Bozen in Betrieb. Seitdem ist das Eisacktal die verkehrsreichste aller Transitstrecken der Alpen, mit inzwischen fast 14 Millionen Fahrzeugen im Jahr, davon fast 2,5 Millionen schwere Lkw und den hohen Belastungen an Lärm und Abgasen. Zwar soll irgendwann nach 2030 der 55 Kilometer lange **Brennerbasistunnel** **3** zwischen Innsbruck und Brixen fertiggestellt sein. Aber damit er sein Potenzial ausspielen kann – 260 Züge pro Tag, die zumindest einen Teil des Güterverkehrs von der Autobahn abziehen sollten –, braucht er von München und Verona her neue Zulaufstrecken. Die derzeitigen reichen nicht aus.

Noch sind sie nicht einmal fertig geplant. Vielleicht wird es sie 2040 geben. Oder 2050.

1 Kastelruth. Die Kastelruther Spatzen spielen seit den 1980ern volkstümliche Schlagermusik und sind im deutschen Sprachraum seit Jahrzehnten die kommerziell erfolgreichste Band dieses Genres. Zum alljährlichen „Spatzenfest" – es findet seit den 1980ern statt, unterbrochen nur von Corona – kommen bis zu 50.000 Fans nach Kastelruth. www.kastelruth.com

2 Gröden. Bis heute ist das Grödnertal berühmt für seine Holzschnitzereien. Neben der lange dominanten Massenproduktion von Krippen und Heiligenfiguren hat sich eine kreative Künstlerszene entwickelt. Ihre Werke sind in Ausstellungen in ganz Europa zu sehen. In Gröden selbst gibt die jährliche Unika-Ausstellung einen guten Einblick in aktuelle Arbeiten von ca. 30 Schnitzkünstlern. www.unika.org

3 Brixen, Hofburg. In dem barocken Bau, bis 1973 Residenz des Bischofs, befindet sich unter anderem das Diözesanmuseum. Neben dem Domschatz enthält es eine Gemäldesammlung, die das Land Südtirol im Tausch gegen einen großen Obst- und Weinhof in Meran bekommen hat. Darin gibt es auch einige großformatige Bilder von Defregger. www.hofburg.it

Tiroler sind …

Wer sehen will, wie sich das Image der Tirolerinnen und Tiroler im Lauf der Geschichte verändert hat, beginnt am besten bei Heinrich Heine. 1828 schrieb der begnadete Polemiker: „Die Tiroler sind schön, heiter, ehrlich, brav, und von unergründlicher Geistesbeschränktheit.“ In ihrem Servilismus „fehlt ihnen ganz und gar das Gefühl von der Würde der Persönlichkeit“. Heine hatte in London ein Konzert der Rainer-Sänger aus dem Zillertal besucht, der Kastelruther 1 Spatzen jener Zeit – und war entsetzt, wie „schamlos“ sie sich, jodelnd und in Tracht, dem Publikum anbiederten.

Die Sänger hatten Vorläufer. Getrieben von der Armut daheim, machten sich im 17. und 18. Jahrhundert viele Tiroler (vereinzelt auch Tirolerinnen) als Wanderhändler auf den Weg. Mit Latschenkiefernöl, gewalkten Handschuhen, geschnitztem Spielzeug aus Gröden 2 und vielem mehr zogen sie durch die Lande, einige kamen bis in den Norden Deutschlands und sogar nach St. Petersburg. In manchen Gegenden galt „Tiroler“ als Synonym für Hausierer.

Sie merkten bald, dass sie ihre Waren leichter loswurden, wenn sie in auffälligem Gewand daherkamen, singend und mit gespielter Naivität. Einige zeigten darin so viel Talent, dass sie den mühsamen Handel sein lassen und sich ganz auf die Show verlegen konnten. Wie die Sängerfamilie, die Heine in London gesehen hatte. Es entstand das Bild des alleweil lustigen Tirolers, dem nichts zu dumm ist. Diesem Klischee wollten manche auch daheim entsprechen, als später die Touristen kamen. Noch in den

1970ern, auf der ersten großen Welle des Massentourismus, folgten die vielerorts für deutsche Gäste inszenierten „Heimatabende“ diesem Muster.

Ein anderes Bild zeichnete der Historienmaler Franz Defregger. Von ihm stammen die bekanntesten Ansichten vom Aufstand anno 1809 – gemalt erst lange danach, gegen Ende des Jahrhunderts. In seinen Werken sind die Tiroler durchwegs edle Gestalten: adrette Madeln in bunten Schürzen, vor allem aber kernige Mannsbilder in Festtagstracht, selbst wenn sie als letztes Aufgebot in die Schlacht zogen oder davon heimkehrten. Defregger verstand es, seine zahlreichen Gemälde 3 in vielen Varianten und auch als Drucke unter die Leute zu bringen. So prägte er über Jahrzehnte das Bild der Tiroler als starkem, aufrechtem, zu Großartigem fähigem Schlag. Auch jenes Bild, das die Tirolerinnen und Tiroler sich von sich selber machten.

Die Ereignisse des 20. Jahrhunderts überlagerten es für eine Weile. Die Teilung Tirols von 1919, das Leiden unter dem italienischen Faschismus, das Trauma der sogenannten Option von 1939, die von den Siegermächten des Zweiten Weltkriegs aus geopolitischen Gründen abgelehnte Rückkehr zu Österreich – all das führte dazu, dass die Südtiroler meinten, ihnen spiele die Geschichte besonders übel mit. Solidaritätsadressen aus Österreich und Deutschland, insbesondere in der Zeit der Bombenanschläge der 1950er und 1960er, verstärkten das Mitleid für die „armen Brüder im Süden“. Auch das Selbstmitleid. Italiener – 1960 lebten bereits ca. 125.000 im Land – galten selbstverständlich nicht als Südtiroler.

Ab 1972 dann die Autonomie. Der italienische Staat glaubte an eine einmalige Gabe, Südtiroler Autonomiepolitiker aber verstehen sie bis heute als „dynamischen“

Prozess. Eine Umschreibung für: Jetzt hätten wir gern noch dieses und dann das. Legendär das Gleichnis, das Silvius Magnago einmal verwendete, der Übervater der Autonomie: Sollte sich in Zukunft herausstellen, dass die Südtiroler zu ihrem Überleben als Minderheit Hubschrauber bräuchten, habe der Staat dafür zu sorgen, dass alle einen Hubschrauber bekämen. Folgerichtig hilft die Südtiroler Volkspartei im römischen Parlament mit ihren Abgeordneten gerne aus, wenn einer italienischen Regierung mal wieder ein paar Stimmen zum Überleben fehlen – unter der Bedingung, dass …

Kein Wunder, dass die Südtirolerinnen und Südtiroler im restlichen Italien, insgeheim wohl auch in Österreich, das Bild von verwöhnten „Fratzn" (südtirolerisch für ungezogene Kinder) abgeben: Sie haben mehr als viele andere und sind doch nie zufrieden. Diese Haltung, auf immer noch mehr zu pochen, gibt es nicht nur gegenüber Rom. Wir Südtiroler haben sie auch gegenüber Bozen verinnerlicht. „Das Land", eine Mischung aus gefürchteter Allmacht und Melkkuh, müsse selbstverständlich dieses noch bereitstellen und auch für jenes noch einen Beitrag geben.

Auf vielen Autos in Südtirol prangte vor etlichen Jahren ein vielsagender Aufkleber. Das italienische Länderkennzeichen mit dem großen I war um drei Worte ergänzt. Das „I bin a Südtiroler" war ursprünglich nur ein ironisches Wortspiel, entwickelte sich aber schnell zur ernst gemeinten, stolzen Selbstdefinition. Mit ihr, so glaubte die Volksseele, sei über das Besondere und Einmalige dieses Menschenschlages alles gesagt.

1 **IV. Armeekorps**. Seine Gründung geht auf das Jahr 1860 zurück, ab 1945 befand sich sein Kommando in Bozen hinter einer monumentalen Fassade am 4.-November-Platz. Das Gebäude war während der NS-Zeit Sitz der Gestapo in Südtirol. Dem IV. Armeekorps unterstanden danach die zahlreichen Kasernen, die sich wegen der Grenznähe in Südtirol befanden.

Mit der Heeresreform von 1997 wurde aus dem IV. Armeekorps das *Commando truppe alpine*. Sein Sitz ist weiterhin das Gebäude am 4.-November-Platz.

2 **Semirurali** (wörtlich: halbländlich) hießen die zweigeschossigen Wohnhäuser mit Gemüsegarten, die von 1938 an vor allem in Bozen für Migranten aus anderen Regionen Italiens gebaut wurden. Diese kamen meist aus bäuerlichen Familien und sollten in der neuen Industriezone arbeiten. Angeblich ähnelten die standardisierten Gebäude dem Geburtshaus Mussolinis in Predappio. In der Wohnsiedlung *Rione Dux*, heute das Stadtviertel Don Bosco, entstanden bis 1942 insgesamt 327 dieser Häuser. Fast alle sind inzwischen großen Wohnblocks gewichen. Eines der wenigen, die erhalten blieben, steht in der Baristraße 11 und beherbergt ein kleines Museum.

Disagio

Eine Freundin der Familie, Italienerin und in Südtirol geboren, sagt immer wieder mal, sie würde am liebsten wegziehen, nach Rom, Palermo oder in eine andere italienische Stadt. Unsereins ist dann jedes Mal irritiert. Glaubt man doch als deutschsprachiger Südtiroler, dass dies, wenn nicht „das allerschönste Stück“ der Welt, wie die inoffizielle Landeshymne behauptet, so doch ein besonderes Land sei. Trotz seiner Makel. Liegen wir etwa bei der Lebensqualität nicht in jedem Ranking der Provinzen Italiens ganz vorn?

Aber da gibt es eben auch den *disagio*. Der Begriff lässt sich am ehesten mit „Unbehagen“ übersetzen. Im politischen Vokabular setzte er sich ab den 1970ern fest, als die Italienerinnen und Italiener im Land spürten, wie ihre Dominanz als Angehörige des Staatsvolkes allmählich schwand. Nicht nur, weil das neue Autonomiestatut für die Jobs in der öffentlichen Verwaltung Deutschkenntnisse verlangte, weil das Proporzsystem einen großen Teil der dortigen Stellen und der politischen Ämter den Deutschsprachigen reservierte, und noch einiges mehr.

Der enorme Aufschwung im Obst- und Weinbau, in Hotellerie, Handwerk und Kleinindustrie machte der italienischen Sprachgruppe auch bewusst, dass sie wohl in der Dienstleistung stark vertreten war oder Nischen wie das Militär (1) besetzte, vom Grundbesitz aber weitgehend ausgeschlossen blieb. Diesen im großen Stil anzugreifen hatte selbst das Mussolini-Regime nicht gewagt. Ohne Grundbesitz aber kann man eine Bar pachten und Wein ausschenken, jedoch nicht selbst Wein anbauen.

Man kann Köchin oder Kellner werden, jedoch kaum je ein Hotel errichten – wie es hingegen die angestammten Bauern zu Tausenden taten. Zwar brachten es auch einzelne Italiener weit. Der Wahl-Grödner Gianni Marzola zum Beispiel schloss ab den 1970ern ein Dutzend Skigebiete zum Lifteverbund Dolomiti Superski zusammen, einem Giganten des Wintertourismus. Generell aber empfinden viele – zu Recht oder zu Unrecht –, dass ihnen in der Südtiroler Erfolgsgeschichte nur Nebenrollen bleiben. „Mit etwas Zynismus könnte man sogar sagen: Wir Italiener sind Überbleibsel eines gescheiterten Kolonisationsversuches", schrieb ein Bozner Journalist über die Gründe für den *disagio*.

Von rund drei Prozent im Jahr 1910 war der Anteil der Italienerinnen und Italiener bis in die Siebziger auf über 33 Prozent (fast 140.000) gestiegen. Seitdem aber geht er stetig zurück. Offiziell sind es inzwischen weniger als 120.000, in einigen ländlichen Gebieten wie dem Vinschgau machen sie nur noch zwei Prozent der Bevölkerung aus. Einer der Gründe für den Rückgang ist der sogenannte ethnische Opportunismus: Italienerinnen und Italiener deklarieren sich bei der obligaten „Sprachgruppenzugehörigkeitserklärung" (siehe Seite 66 f.) als Deutsche, weil sie sich davon im Südtiroler Proporzsystem Vorteile erhoffen. Auch das ein Ausdruck von *disagio*.

Bei einer Untersuchung über die Befindlichkeiten der Sprachgruppen in Südtirol gaben noch zur Jahrtausendwende lediglich ein Drittel der hier lebenden Italienerinnen und Italiener an, im Alltag keine Nachteile zu erleiden. Bei den Deutschsprachigen waren es zwei Drittel. Hingegen meinten mehr als 20 Prozent der Italiener, bei der Arbeits- und Wohnungssuche diskriminiert zu werden. Bei den Deutschsprachigen waren es nur zwei

Prozent. Und deutlich mehr Italienerinnen und Italiener als deutschsprachige Südtiroler wohnen nur in Miete. Auch das eine der Folgen von fehlendem Grundbesitz.

Deutsch- und ladinischsprachige Südtirolerinnen und Südtiroler sehen überall Symbole, die sie auf eine gemeinsame Geschichte, auf „Heimat" verweisen: Berge, Vereine, Dialekte. Vielen Italienern fehlen solche kollektiven Bezugspunkte – auch weil sie oder ihre Eltern aus unterschiedlichen Regionen stammen. Der Gründungsmythos des italienischen Südtirol ist die Zuwanderung, als symbolischer Ort gilt am ehesten das in den 1930ern gebaute *Semirurali* 2-Viertel. Ein Heimatgefühl hat sich bei vielen (noch) nicht entwickeln können. Und so fällt die Antwort auf die Frage, was wir denn nun seien, sehr unterschiedlich aus. Fast 90 Prozent der Deutschsprachigen sehen sich als Südtiroler, die Ladiner kommen auf ähnliche Werte. Aber nur ein Viertel der Italiener bezeichnet sich als *Sudtirolesi* oder *Altoatesini* (von Alto Adige für Südtirol). Die Mehrheit sieht sich einfach als *Italiani*.

Wie sollen sie auch ein Heimatgefühl entwickeln, wenn nahezu alle Spitzenpositionen in den vom Land Südtirol kontrollierten Unternehmen an Deutschsprachige gehen; wenn es immer wieder heißt, die italienischen Ortsnamen seien faschistisches Unrecht und gehörten abgeschafft; wenn Patrioten auf deutscher Seite insistieren, Südtirol müsse endlich weg von Italien?

Im deutschsprachigen Südtirol wird übrigens oft bezweifelt, dass es den *disagio* überhaupt gibt. Und hätten Italienerinnen und Italiener tatsächlich ein Gefühl von Heimatlosigkeit, seien sie selber Schuld. Sie müssten sich, so heißt es oft, halt mehr einlassen auf die Eigenheiten in diesem Land.

3 Rabenstein (1400 m) Hier wird, wie im gesamt Hinterpasseier, ein marka tes Psairerisch gesproche Nahe dem noch immer winzigen Dorf verlegte u 1400 ein riesiger Bergstu das enge Tal. Es bildete sich ein See, der öfters ausbrach. Beim letzten Ausbruch 1774 riss die Sturzflut sogar in Meran Häuser und Brücken mit. Seitdem hat sich der See nie mehr gebildet.

1 Ahrntal. Es ist die nördliche Fortsetzung des Tauferer Tals. Die Grenze zwischen beiden Tälern bildet eine schluchtartige Engstelle. Sie ist auch eine Sprachgrenze. Im nach Süden auslaufenden, flacheren Tauferer Tal wird bereits ein deutlich anderer Dialekt gesprochen, ähnlich dem in Bruneck und im gesamten Pustertal.

2 St. Gertraud (1500 m) ist die hinterste der Ortschaften des Ultentals. In *Gärdraud* ist die Ultner Mundart noch immer ausgeprägt. Fast so alt wie der Dialekt sind drei Lärchen, die in Dorfnähe wachsen. Wissenschaftliche Messungen ergaben ein Alter von ca. 850 Jahren.

Und tschüss

Dominik Paris aus dem Ultental ist der erfolgreichste Skirennläufer Südtirols seit Langem. Er war schon Weltmeister, gewann unter anderem dreimal das legendäre Abfahrtsrennen in Kitzbühel und fünfmal in Bormio. Fast so spektakulär wie das Tempo, mit dem er sich zu Tal stürzt, sind seine Interviews. Selbst auf TV-Sendern Österreichs, Deutschlands und der Schweiz redet er, der auch flüssiges Italienisch und Englisch spricht, lustvoll breitesten Ultner Dialekt. Dann haben sogar viele deutschsprachige Südtirolerinnen und Südtiroler Mühe, ihm zu folgen. Es gibt eben nicht den einen Südtiroler Dialekt, fast jedes Tal hat seinen eigenen.

Die Südtiroler Dialekte gehen auf das Südbairische und Alemannische zurück – den Sprachen jener germanischen Stämme, die nach dem Niedergang des Weströmischen Reichs allmählich in die Zentralalpen vordrangen. In den abgeschlossenen Tälern entwickelten sie sich über die Jahrhunderte zu lokalen Mundarten, mit teils eigener Phonetik, eigenem Satzbau und eigenem Wortschatz.

Die heute noch hörbaren Unterschiede sind auch ein Widerhall gesellschaftlicher Entwicklungen. Im Etschtal und im Eisacktal gab es viel Durchzug von Reisenden aller Art. Das machte dort die Mundart offener und näher am Südbairischen. In Seitentälern, die wie Sackgassen in die Berge führen, haben sich dagegen Dialekte entwickelt und zum Teil bis heute gehalten, die deutlich anders klingen.

Im *Teldra* Dialekt des hinteren **Ahrntals** (1) klingen die Endungen auf -er häufig wie ein o, etwa in *müito* (Mutter). R und t in der Wortmitte verschmelzen oft zu einem dem *sch* ähnelnden Laut, etwa in *vεʃta* (gesprochen wie *veschta*) für Werktag. Dagegen wird in Ulten 2 das o häufig zum ou. Da fährt der Weltmeister mit der *bou* (Bahn) hinauf auf die Piste, und wenn er heimkommt, scheint der *mou* (Mond). Im Passeier 3 führe er mit der *boone* und es schiene der *moone*. Und generell ist im Osten Südtirols das *Tsoig hoire toire* (das Zeug heuer teuer), im Westen ist das *Zuig huir tuir*.

Trotz ihrer Abgeschiedenheit nahmen auch die entlegensten Täler Worte von außen auf. Für den Regenschirm etwa *Oumbrel* im Ultner Dialekt sowie *Umbrälle* oder *Nummerälle* in jenem von Passeier, jeweils vom italienischen *ombrello*. Und die Uhrzeit zeigte im Passeier die *Kloretill* an – eine Lautmalerei aus dem französischen *Quelle heure est-il?* (Wie spät ist es?), die vermutlich während der Napoleonischen Kriege entstand.

Ein besonders reicher Wortschatz bildete sich – kaum überraschend – für Werkzeuge, bäuerliche Tätigkeiten und Wetterphänomene heraus. So kennt der Psairer Dialekt Dutzende Ausdrücke für Schneefall. Es kann *pfousn* (mit leichtem Wind schneien) oder *oonschnaibm* (anzuckern), es kann nur *a Ritzl* (eine sehr dünne Neuschneeschicht) oder gleich *an Halbstuuzntiëfn* machen (bis zur Hälfte der Kniestrümpfe), der Schnee kann *kremme* (pappig) sein oder *austarrn* (krustig werden), und im Frühjahr setzt die *Weache* (von aufweichen) ein. Typisch für den Psairer Dialekt sind auch Kombinationen wie das dreifache *giën* (gehen) in: *Giën mer giën giën*, was so viel bedeutet wie: Wir sollten uns langsam auf den Weg machen.

Ab den 1950ern setzten komplexe Veränderungen den Mundarten zu. Die Mechanisierung der Land- und Waldwirtschaft machte viele Handarbeiten obsolet, und damit ihr Vokabular. Dank besserer Straßen und Busverbindungen kam man nun öfters in die Stadt, heiratete nicht mehr nur im eigenen Dorf und hörte das Radioprogramm der 1945 gegründeten lokalen RAI, die – anders als der Schweizer Rundfunk mit seinem *Schwyzerdütsch* – konsequent im Standarddeutsch sendete. In den 1960ern kam mit der Mittelschule eine zweite Schulstufe, deren Lehrerinnen und Lehrer oft von außen kamen und ihre eigene Mundart mitbrachten. Im Übrigen waren alle Lehrer angehalten, „Hochdeutsch" zu sprechen, womit viele allerdings überfordert waren.

Es folgte die schulische Oberstufe, für die man hinausmusste aus dem Tal. Draußen schämte man sich für die eigene Mundart und den markanten Akzent, wie er etwa im oberen Vinschgau hörbar ist, und war bemüht, den städtischen Dialekt anzunehmen, wie er in Brixen, Bozen oder Meran gesprochen wird. Dieser wurde mit der Zeit zu einer Art Standard-Tirolerisch, das heute fast im ganzen Land vorherrscht. Und nicht zuletzt drängten auch der ab den 1960ern mögliche Empfang von ZDF, ARD und ORF sowie die massive Zunahme des Tourismus die Taldialekte zurück. Inzwischen hat eine Gegenbewegung eingesetzt. In den lokalen Radio- und TV-Stationen trauen sich Interviewte immer öfter, im Standard-Tirolerisch zu reden. Textnachrichten tippt nicht nur die Jugend oft in einem nach Gehör verschriftlichten Dialekt. Zwei der Taldialekte haben es sogar zu einem eigenen Lexikon, dem *Psairer Wërterpuach* und dem *Teldra Dialektpüich*, gebracht. Und es gibt Dominik Paris mit seinen Interviews, die Kultstatuts haben.

Eines hat das Dialekt-Revival aber noch nicht vermocht. In Südtirol verabschieden sich weiterhin viele mit einem von Touristen eingeschleppten Tschüss.